L'INTERPRÈTE

DES

TROIS NATIONS,

OU

PETITS DICTIONNAIRES

FRANÇAIS-RUSSE-ALLEMAND,

ET

RUSSE—FRANÇAIS—ALLEMAND,

Précédés d'un Recueil fort étendu de phrases d'un usage habituel, exprimées dans les trois Langues.

Ouvrage imprimé avec des Caractères français ; indiquant la prononciation russe, et renfermant ce qu'il est le plus nécessaire de savoir dans les circonstances actuelles.

PAR V. C. IVERNEAU,

Employé dans les Contributions directes à Bar , (Meuse).

~~~~~~~~~~

A BAR-LE-DUC,

DE L'IMPRIMERIE DE LAGUERRE.

Se vend chez { THIÉRIOT-COLON, négociant, rue d'Entre-deux-Ponts, n.° 21, *et* aux persa, rue du Bourg, n.° 63.

1815.

Ⓒ

AVERTISSEMENT.

Cet Ouvrage a été composé afin que l'on puisse s'aider dans les relations que les circonstances ont établies entre les Français, les Russes et les Allemands; et dans la vue de diminuer, de lever et même de prévenir les difficultés que l'on rencontre ordinairement, quand on est obligé de s'expliquer dans des langues que l'on entend peu ou point du tout.

La langue russe étant peu connue en France, et les signes ou caractères qui lui sont propres, étant, en partie, différens des nôtres sous le triple rapport de leur nombre, de leur figure et de leur valeur, on a employé des lettres françaises et orthographié selon notre prononciation, de manière à peindre, autant que possible, les mots et les sons russes.

Cette langue passe pour être la plus douce des langues du Nord; et l'on pourrait dire, à son égard, que les extrêmes se touchent, puisqu'on lui attribue une flexibilité et une douceur qui paraîtraient la rapprocher, en quelque sorte, des langues du Midi.

On s'est appliqué à représenter les mots tels qu'ils doivent être articulés, et même d'allier, quand on l'a pu, l'orthographe avec une prononciation facile. A cet effet, on a non-seulement consulté des livres originaux russes, mais on a encore eu recours à des Russes bien instruits de la manière dont on doit prononcer dans la conversation ordinaire. Cependant, comme la langue russe a des sons qui se prononcent de la gorge, ou comme en sifflant, ou même à l'imitation des Grecs, on sentira facilement qu'il n'a pas été possible de peindre exactement ces sons entièrement opposés au génie de notre langue, qui, d'un autre côté, manque de signes pour les représenter rigoureusement. Mais alors on s'est attaché à les fixer d'une manière tellement rapprochée de leur prononciation, que, dans tous les cas, on pourra mutuellement s'entendre. Ainsi, à cet égard, il importera, sans doute, peu aux personnes qui n'ont point envie de s'attacher à vaincre, sur l'articulation de certains mots, des difficultés qui leur deviendraient peut-être fort pénibles, de prononcer avec un peu plus ou un peu moins de justesse, pourvu que le but qu'elles se proposeront soit atteint.

Les notions générales données sur les déclinaisons russes et sur la formation des temps des verbes, pourront servir pour la composition des phrases. Le Recueil présente celles qui ont paru les plus familières. On les a rendues, à dessein, courtes et précises, parce que, pour les personnes qui ont peu ou point d'usage des langues étrangères, il s'agit moins de faire des discours qui deviennent fatigans, que de se faire entendre le plus briévement possible. On sentira encore que l'on n'a pu rassembler toutes les phrases habituelles, puisque, devant varier selon les idées et les circonstances, le nombre en est, pour ainsi dire, illimité. Le Recueil en contient néanmoins une assez grande quantité pour les besoins usuels, et pour pouvoir, d'après elles, former celles qui ne s'y trouvent point.

Le premier Dictionnaire servira à trouver ce que l'on voudra exprimer, et celui d'inversion à connaître ce que l'on voudra nous faire entendre. Ainsi chaque Dictionnaire et le Recueil, venant à l'appui l'un de l'autre, il s'ensuivra qu'en joignant des mots aux phrases, on pourra s'énoncer et se faire comprendre.

Comme les bornes que l'ont s'est prescrites dans la formation de ces Dictionnaires, n'ont point permis d'y insérer tous les mots de la langue, et que l'on y a seulement renfermé ceux que l'on a jugés les plus nécessaires dans les circonstances, il faudra, quand on ne trouvera point un mot, avoir le soin de chercher son synonime.

Il n'est pas inutile de faire ici, à l'avance, quelques observations sur la manière dont on devra lire la partie russe. On appuiera sur les *e* accentués, et on passera sourdement sur les *e* muets, soit qu'ils se trouvent dans le cours ou à la fin des mots, de sorte qu'on fasse sentir ces lettres le moins possible. On mouillera les *ë* et les *ï* trémas. On prononcera les syllabes telles que *gué, gui,* etc. non point comme *goué* ou *goui,* mais comme dans les mots *guérite, déguiser,* etc. Ces observations rentrent toutes dans les règles de notre prononciation, auxquelles on se conformera d'ailleurs pour le surplus, ainsi qu'on le dit plus loin.

Une chose à laquelle il est nécessaire de faire attention, est de s'habituer à lire les mots exactement et sans hésiter, de sorte qu'on ne les tronque point et qu'on n'en altère pas l'expression. A cet effet, on prononcera lentement et sans vouloir imiter la grande volubilité avec laquelle les étrangers nous paraissent parler. On remarquera à ce sujet, et pour engager d'autant plus à ne pas prononcer avec précipitation, que cette volubilité que nous leur attribuons n'est qu'apparente et ne nous semble exister que parce que, peu habitués aux sons étrangers, nous prenons pour rapidité ce qui n'effleure ou ne frappe que faiblement notre oreille. Il serait facile de prouver cette assertion, si l'on voulait entrer dans des digressions grammaticales ; mais, comme ce n'en est pas ici le lieu, on se bornera à dire que généralement les langues étrangères présentant, dans les phrases, des constructions fort variables, des circonlocutions très étendues, et étant composées de mots dont les syllabes sont nécessairement longues ou brèves, il s'ensuit que l'observation des règles auxquelles ces langues sont soumises, force à réfléchir sur l'arrangement des mots, et ralentit, par cela même, la prononciation. C'est plutôt nous, qui parlons avec une extrême vîtesse, nous qui avons une langue qui a le plus de constructions fixes; qui est douée d'une précision rare, et qui, sans prosodie déterminée, permet de s'exprimer avec beaucoup de laconisme et avec une volubilité qui, d'un autre côté, fait dire aux étrangers que nous parlons *comme le vent.*

On fait observer que quand un Russe expliquera quelque chose dont on ne saura point la signification, et qui obligera de recourir au Dictionnaire d'inversion, il faudra avoir le soin de le faire prononcer doucement et exactement, de manière que l'on puisse saisir et trouver, sur le champ, ce qu'il est nécessaire de savoir.

Ceux des Russes qui ne connaissent qu'imparfaitement leur langue, terminent souvent en *i*, en *o*, etc. les mots qui finissent en *a* ou autrement, et *vice versâ* ; mais, dans cet ouvrage, on a eu égard qu'à la manière dont prononcent les Russes instruits, et l'on ne s'est nullement arrêté aux idiotismes que réprouve une bonne diction.

Ce que l'on vient de dire de la langue russe, est, en partie, applicable à l'Allemand. On n'a point cru devoir, pour ce dernier, marquer la manière de le prononcer : d'abord, parce qu'étant moins flexible que le Russe, on ne peut en imiter la prononciation qu'imparfaitement, et, qu'outre cela, on aurait été forcé de dénaturer tellement les mots, qu'ils auraient été méconnaissables aux yeux des Allemands mêmes; et, en second lieu, parce qu'en se pénétrant des observations que l'on a faites sur la prononciation de l'Allemand, et avec un peu d'usage, il sera réellement plus facile de lire et de prononcer les mots, d'après leur orthographe naturelle que d'après son imitation. D'ailleurs, il n'y a presque pas un Allemand qui ne sache lire; dès lors, si on ne peut prononcer exactement un mot, on le lui montrera, et il le lira sans peine au moyen de caractères qui sont aujourd'hui adoptés dans presque toute l'Allemagne.

Lorsque dans le Dictionnaire français, il y a, à côté d'un mot, deux mots russes ou allemands, séparés par un point et virgule, cela signifie que ce mot peut se rendre de deux manières ou par deux synonimes.

Cet ouvrage pouvant servir, non seulement aux Français, mais encore aux Russes et aux Allemands, on a joint un tableau de l'Alphabet français avec les lettres correspondantes dans les deux autres langues. Ce tableau est même fait de manière qu'on pourra connaître, en même temps, chacun des trois Alphabets.

On pense en avoir dit suffisamment pour faire voir quel but on s'est proposé dans cet ouvrage : on s'y est borné, sur les langues dont il s'agit, à des notions générales, parce que de plus amples détails sont du ressort des grammaires auxquelles on pourra recourir, si on veut s'en instruire plus particulièrement.

TABLEAU SYNOPTIQUE

DES ALPHABETS FRANÇAIS, RUSSE ET ALLEMAND.

Français.	Russe.	Allemand.
OBSERVATION.	Примѣчанїе.	ANMERKUNG.
Quoique les mots russes soient imprimés avec des Caractères français, les Russes pourront néanmoins se servir de cet ouvrage, dès qu'ils connoîtront les lettres françaises dont voici l'Alphabet et la valeur en russe. Cette valeur est aussi indiquée en allemand.	Какъ россіискіи Слова сумь писаны французкими Буквами; то зная оньie никакои Трудности нeбудеmь въ поняmіи даже французкаго Язвіка для рускихъ.	Dieses Werk kœnnen so wohl Deutschen als Russen brauchen : dafür ist ihnen nur nœthig das nachfolgende franzœsische Alphabet zu kennen.

ALPHABET FRANÇAIS. Франц̇узкая Азбука. Franzœsisches Alphabet.	LETTRES CORRESPONDANTES EN RUSSE. Сходсmво буковъ.			LETTRES CORRESPONDANTES EN ALLEMAND. WERTH UND AUSSPRACHE.	
A a	1	А a	aze.	1 A	A
B b	2	Б б	bouki.	2 B	B
C c	18	С c (k)	slôvô.	« Sé	«
D d	5	Д д	dôbrô.	4 D	D
E e	6	Е e	ïèst.	5 E	E
F f	21	Ф ф	fèrte.	6 F	F
G g	7	Ж ж	jivète.	« Sche	«
H h	4	Г г	ghlagôl.	8 H(asch)	H hâ
I i	10	İ i	i.	9 I	I
J j	7	Ж ж	jivète.	« Schi	«

Français.		Russe.				Allemand.		
K	k	11	К к	kakô.		11	K	K
L	l	12	Л л	lïoudi.		12	L	L
M	m	13	М м	muïslèté.		13	M	M
N	n	14	Н н	nache.		14	N	N
O	o	15	О o	onne.		15	O	O
P	p	16	П п	pòkoï.		16	P	P
Q	q	11	К к	kakô.		«	Qä	«
R	r	17	Р р	ertsi.		18	R	R
S	s	18	С c	slêvô.		19	S	S
T	t	19	Т m	tverdô.		20	T	T
U	u	10	i i	i.		«	Ü	«
V	v	3	В в	viédi.		23	W	V
X	x	«	Кс кс	«		24	X	X
Y	y	9	И и	ijé		«	Y grek	«
Z	z	8	З з	zemmlia		«	S (gelind)	«

Ce qui suit fait partie de l'Alphabet russe.				Ce qui suit fait partie de l'Alphabet allemand.	
ou	20	У y	ou		
khchia	22	Х x	khchïére		
tz	23	Ц ц	tsi	3 C	ts tsé
ch	24	Ш ш	cha	7 G	gué
chettch	25	Щ щ	chettcha	10 J	i ïode
tch	26	Ч ч	tcha	17 Q	kou
i (muet)	27	ь	ïèrr	21 U	ou
i	28	ЬІ ьі	ïèri	22 V	f faou
hi (aspiré)	29	Ъ ъ	hïère	25 Y	y ipsilone
ïé	30	ѣ ѣ	ïätt	26 Z	ts tsède
é	31	Э э	é.		
ïou	32	Ю ю	ïou		
ïa	33	Я я	ïa		

Nota. L'Alphabet usuel russe est composé de 33 lettres qui se trouvent dans la seconde colonne du Tableau ci-dessus : elles ne sont pas toutes dans leur ordre naturel ; mais comme on les a numérotées selon la place qu'elles tiennent dans cet Alphabet, il ne s'agira, pour les avoir dans l'ordre convenable, que de les ranger suivant la série des nombres, 1, 2, 3, 4, etc., jusqu'à 33.

Les mots, mis à côté de ces lettres, indiquent la manière dont elles se prononcent quant on en récite l'Alphabet.

Il y a quelques lettres qui portent le même N.º ; cela est fait à dessein, parce que ces lettres sont semblables, mais, dans l'Alphabet, on ne comptera que pour une, chaque lettre répétée ou numérotée deux fois.

Les lettres *ko*, qui sont sans N.º ne figurent que pour représenter en russe, la valeur de l'*x* français : mais elles n'entrent point, ainsi réunies, dans la composition de l'Alphabet russe.

De toutes ces 33 lettres, il n'y en a que 3 dont la prononciation est difficile : 1.º le *ghlagol* (N.º 4) dont le son est en même temps aspiré et guttural. 2.º le *khchiére* (N.º 22) dont le son est guttural, sifflant et tenant du *cha* des Grecs. 3.º le *chettcha* (N.º 25) dont le son est sifflant et très lingual.

Dans l'écriture cursive,

     L'*aze*   (N.º 1) *s'écrit comme* l'*a* français.
     Le *viédi*   (N.º 3)   le *b*
     Le *ghlagol* (N.º 4)   l'*r*
     Le *Dôbrô* (N.º 5)   le *d*

Et quant aux autres lettres, elles s'écrivent telles qu'elles sont figurées.

En ce qui concerne l'Alphabet allemand, qui est composé de 26 lettres, si l'on classe celles qui sont numérotées, d'après la suite des nombres 1, 2, 3, 4, etc., jusqu'à 26, on obtiendra l'ordre dans lequel elles se suivent dans cet Alphabet : les lettres et mots, mis à côté des lettres numérotées, représentent leur valeur en français, ainsi que la manière de les prononcer quand on en récite l'Alphabet. Les lettres ou mots sans N.ºˢ, exprimant, en allemand, la valeur des lettres correspondantes en français, on les passera dans la composition de l'Alphabet allemand.

OBSERVATIONS

Relatives à la langue russe.

PRONONCIATION. On lira la partie russe comme quand on lit en français. La prononciation est indiquée en conséquence. La dernière syllabe des mots, tels que *Prodovátt, pissátt, koupitt, etc.* est longue.

On se rappelera que *s*, entre deux voyelles, équivaut à *z*; et que lorsque *s* est devant un mot, ou précède une consonne, il faut appuyer fortement.

Les *e* muets qui sont au milieu ou à la fin des mots, doivent être prononcés comme en français.

Quand *m* ou *n* sont précédées d'une voyelle, il faut les prononcer comme s'il y avait deux *mm* ou deux *nn*, c'est-à-dire, comme en latin. C'est pour faire prendre cette prononciation que l'on a doublé ces lettres dans les mots où l'on aurait pu n'en mettre qu'une.

Féminin. Le féminin se termine en *a*, ou *na*, ou *ka*.

Pluriel. Le pluriel se termine généralement en *i*; voyez d'ailleurs ci-après le tableau des déclinaisons.

Article. On n'exprime point en russe les articles *le, la, les; du, de la, des; au, à la, etc.*: les substantifs se déclinent, comme en latin, sans l'emploi de l'article.

Déclinaisons.

Pour décliner en russe, il faut, suivant que les noms finissent par *a, e, i, o, ou*, ou par d'autres lettres, donner aux cas les terminaisons que l'on va indiquer dans le tableau suivant.

CAS FRANÇAIS.		Terminaisons des Cas pour les noms russes qui finissent au nominatif singulier par			
		A.	E, I, O.	OU.	d'autres lettres.
Singulier.	Génitif. *Du, de la.*	i	a, ou	ni, ti	i
	Datif. *Au, à la.*	ié	ou	ni, ti	i
Pluriel.	Nominatif. *Les.*	i	i, a, ou	na, ta	i
	Génitif. *Des.*	eï	vi	ni, ti	i
	Datif. *Aux.*	ami	ami	nami, tami	ami

Pronoms. Ces règles sont applicables aux pronoms.

Adjectifs. Elles le sont également aux adjectifs, qui toujours se placent devant les substantifs.

Degrés de comparaison.

Le Comparatif se forme du positif en en retranchant la dernière syllabe et en la remplaçant par *bié* : ainsi de *slabi* foible, on fait *slabié* plus foible.

Le superlatif se forme en ajoutant *chi* au comparatif : ainsi de *slabié* on fait *slabiéchi*, très-foible.

Il en est de même pour les autres noms.

On remarquera seulement que *véliki*, grand, fait *bolché*, plus grand; et que *mali*, petit, fait *mennché*, plus petit.

Des Verbes en général.

Il y a quatre conjugaisons :
La première se termine à l'infinitif en *átt, iátt.*
La deuxième en ———————— *étt, bétt.*
La troisième en ———————— *ítt, bitt.*
La quatrième en ———————— *óit, oútt.*

Formation des Temps.

De l'Indicatif. La première personne du singulier se termine
en ———— *ou, ïou.*
La deuxième en ————— *eche, iche.*
La troisième en ————— *étt, ítt.*
La première du pluriel en *emm, imm.*
La deuxième en ————— *été, ité.*
La troisième en ———— *ioutt, outt, átt, iátt.*

L'Imparfait et le *Parfait de l'indicatif* se forment de l'infinitif, en changeant *tt* en *l.*

Le Futur se forme en mettant *boudou* devant l'infinitif. (*)

L'Impératif se forme de l'infinitif en retranchant *tt*, et en mettant *ï* à la place.

Le Conditionnel se forme du parfait, en le faisant précéder de *bi.*

Les Participes se forment, en général, en ajoutant *bi* à la 3.e personne du pluriel de l'indicatif. On ajoutera *ba* quand il s'agira du féminin.

Il faut, quand on conjugue, avoir soin d'employer les pronoms.

OBSERVATIONS

Sur la prononciation de l'Allemand.

COMME le présent Recueil présente l'allemand comme on l'écrit
réellement, il faut, pour le bien prononcer, faire attention aux
observations suivantes :

1.º *g* se prononce généralement comme *gué.*
2.º *h* se prononce en aspirant fortement.
3.º *i* et *j* se prononcent toujours comme *i*, et jamais comme *j.*
4.º *q* se prononce *cou.*
5.º *u* se prononce *ou.*
6.º le simple *v* se prononce comme *f.*
7.º le double *w* se prononce comme le *v* français.
8.º *z* se prononce comme s'il y avait *ts.*
9.º *æ* se prononce comme *é.*
10.º *œ* se prononce comme *eux.*
11.º *ü* se prononce comme l'*u* français, et le plus souvent comme *i.*
12.º *an* se prononce comme s'il y avait *anne.* } ou comme
13.º *in* se prononce comme s'il y avait *inn.* } en latin.
14.º Quant aux autres lettres, elles se prononcent comme en français, ou à très-peu-près. En général, il faut prononcer les
mots plutôt longs que brefs.

D'ailleurs, comme il est facile de se procurer des Grammaires
allemandes, et de trouver des personnes qui parlent l'allemand,
on pourra les consulter si on veut en savoir plus particulièrement la
prononciation.

C'est par cette raison que l'on n'entre point dans d'autres détails sur cette langue.

(*) *Boudou*, suit les variations de l'Indicatif.

Recueil.

PRONOMS.

Français.	*Russe.*	*Allemand.*
Moi , je.	Ia.	Ich.
Toi , tu , te.	Ti.	Du.
Il , lui.	Onn.	Er.
Elle.	Ona.	Sie.
Nous.	Mi.	Wir , Uns.
Vous.	Vi.	Ihr.
Eux , ils.	Oni.	Sie.
Elles.	Onïé.	Sie.
Mon.	Moï.	Mein.
Ton.	Tvoï.	Dein.
Son.	Svoï.	Sein.
Notre.	Nacha.	Unser.
Votre.	Vacha.	Ihr.
Moi-même.	Ia samm.	Ich selbst.
A moi.	Mnè.	Mir.
Celui-ci, celle-là, etc.	Tò.	Dieser , diese.
Se , soi.	Sa , sébé.	Sich.

ARTICLES.

Le	Il n'y a point d'ar-	Der *ou* das.
La	ticles en russe.	Die.
Les.	»	Die.
Du.	»	Des , *ou* von dem.
De la.	»	Der , *ou* von der.
Des.	»	Der , *ou* von den.
Au.	»	Dem.
Aux.	»	Den.
De.	»	Von.

CONJUGAISON DES VERBES.

Être.	Bitt.	Seyn.
Je suis.	Ia esme.	Ich bin.
Tu es.	Ti ïéssi.	Du bist.
Il est.	Onn ïést.	Er ist.
Nous sommes.	Mi esmi.	Wir sind.
Vous êtes.	Vi esté.	Ihr seyd.

Français.	*Russe.*	*Allemand.*
Ils sont.	Oni soutt.	Sie sind.
J'étais.	Ia bil.	Ich war.
J'ai été.	Ia bil.	Ich bin gewesen.
Je serai.	Ia boudou.	Ich werde seyn.
Je serais.	Ia bi-bil.	Ich würde seyn.
Sois.	Boudi.	Sey.
Soyons.	Da boudemm.	Lasst uns seyn.
Soyez.	Boudité.	Seyd ihr.
Qu'ils soient.	Da bouditïé.	Sie sollen seyn.
Avoir.	Imêtt.	Haben.
Eu.	Imêti.	Gehabt.
J'ai.	Ia méïou.	Ich habe.
Tu as.	Ti iméche.	Du hast.
Il a.	Onn imïétt.	Er hat.
Nous avons.	Mi imèimm.	Wir haben.
Vous avez.	Vi imété.	Ihr habet.
Ils ont.	Oni iméïoûtt.	Sie haben.
J'avais.	Ia imèl.	Ich hatte.
J'ai eu.	Ia imèl.	Ich habe gehabt.
J'aurai.	Ia boudou imêtt.	Ich werde haben.
J'aurais.	Ia bi-imèl.	Ich würde haben.
Aye.	Imieï.	Habe.
Ayez.	Imïeïté.	Haben sie.
Aimer.	Loubitt.	Lieben.
Aimé.	Vosloublenn.	Geliebt.
J'aime.	Ia loublou.	Ich liebe.
Tu aimes.	Ti loubiche.	Du liebst.
Il aime.	Onn loubitt.	Er liebt.
Nous aimons.	Mi loubimm.	Wir lieben.
Vous aimez.	Vi loubité.	Ihr liebet.
Ils aiment.	Oni loublâtt.	Sie lieben.
J'aimais.	Ia loubil.	Ich liebte.
J'ai aimé.	Ia loubil.	Ich habe geliebt.
Aimez.	Loubité.	Lieben sie.
Aime.	Loubi.	Lieb.
J'aimerai.	Ia boudou loubitt.	Ich werde lieben.
J'aimerais.	Ia bi-loubil.	Ich würde lieben.

Conjugaison des Verbes.

Français.	Russe.	Allemand.
Devoir, falloir.	Dolgennstvovâtt.	Müssen.
Je dois.	Ia dolgènn.	Ich muss.
J'ai dû, je devais.	Ia dolgennstvoval.	Ich musste.
Je devrai.	Ia boudou dolgènn.	Ich werde müssen.
Je devrais.	Ia bi–bil dolgènn.	Ich würde müssen.
Vendre.	Prodovâtt.	Verkaufen.
Je vends.	Ia prodaïou.	Ich verkaufe.
Je vendais.	Ia prodoval.	Ich verkaufte.
Je vendrai.	Ia boudou prodovâtt.	Ich werde verkaufen.
Je vendrais.	Ia bi–prodoval.	Ich würde verkaufen

LES NOMBRES.

0	zéro.	Nol.	Null.
1	un.	Odinn.	Ein ou Eins.
2	deux.	Dva.	Zwey.
3	trois.	Tri.	Drey.
4	quatre.	Tchétéri.	Vier.
5	cinq.	Pêtt ou piâtt.	Fünf.
6	six.	Chèst.	Sechs.
7	sept.	Semm.	Sieben.
8	huit.	Vossemm.	Acht.
9	neuf.	Dévètt.	Neun.
10	dix.	Déssètt.	Zehn.
11	onze.	Odinn–nadzâtt.	Eilf.
12	douze.	Dvé–nadzâtt.	Zwœlf.
13	treize.	Tri–nadzâtt.	Dreyzehn.
14	quatorze.	Tchétir–nadzâtt.	Vierzehn.
15	quinze.	Pêtt–nadzâtt.	Fünfzehn.
16	seize.	Chèst–nadzâtt.	Sechszehn.
17	dix-sept.	Semm–nadzâtt.	Siebenzehn.
18	dix-huit.	Vossèmm–nadzâtt.	Achtzehn.
19	dix-neuf.	Dèvètt–nadzâtt.	Neunzehn.
20	vingt.	Dvatzâtt.	Zwanzig.
21	vingt-un.	Dvatzâtt–odinn.	Ein und zwanzig.
30	trente.	Tritzâtt.	Dreyssig.
40	quarante.	Sorrok.	Vierzig.
50	cinquante.	Pêttdèssâtt.	Fünfzig.
60	soixante.	Chèstdèssâtt.	Sechszig.

Français.	Russe.	Allemand.
70 soixante-et-dix.	Semm–dèssâtt.	Siebenzig.
80 quatre–vingt.	Vossemm–dèssâtt.	Achtzig.
90 quatre-vingt-dix	Devé–nosto.	Neunzig.
100 cent.	Sto.	Hundert.
1,000 mille.	Tissâttchâ.	Tausend.
1,000,000 million.	Milliônn.	Million.
$\frac{1}{4}$ un quart.	Odna tchèttverti.	Ein viertel.
$\frac{1}{2}$ une demie.	Odna polovina.	Ein halb.
$\frac{3}{4}$ trois quarts.	Tri tchèttverti.	Drey viertel.
$\frac{1}{3}$ un tiers.	Odna trêti.	Ein drittel.
$\frac{2}{3}$ deux tiers.	Dva trêti.	Zwey drittel.
Le premier.	Odinn *ou* pervoï.	Der erste.
Le second.	V'toròi.	Der zweyte.
Le troisième.	Trèti.	Der dritte.
Le quatrième.	Tchèttverti.	Der vierte.
Le dernier.	Posledni.	Der letzte.
Le triple.	Troïaki.	Dreyfach.
Une fois.	Odinn rass.	Ein mal.
Cent fois.	Sto rass.	Hundert mal.

(NOTA.) On compte en russe comme en français : mais en allemand, c'est diffé-
rent ; passé 20, on met le plus petit nombre devant le plus grand ; c'est-à-dire,
qu'on dit un-et-vingt : deux-et-vingt, etc. etc. ; trois-et-trente, etc. etc., pour
dire vingt-un, vingt-deux, etc. etc. ; trente-trois, etc. *et s'exprime par und.*

LES MOIS DE L'ANNÉE. *

Janvier.	Iannvar.	Ianuar.
Février.	Févral.	Februar.
Mars.	Martt.	Mærz.
Avril.	Aprél.	April.
Maï.	Maï.	May.
Juin.	ïounn.	Juny.
Juillet.	ïoul.	July.
Août.	Avgouét.	August.
Septembre.	Sénntabre.	September.
Octobre.	Oktèbre.	Oktober.

(*) L'année russe commence le 13 janvier de notre Ere.

B

Les Mòis de l'année.

Français.	Russe.	Allemand.
Novembre.	Noïabre.	November.
Décembre,	Dékabre.	December.
Mois.	Mèsètz.	Monat.
Année.	God.	Iahr.

JOURS DE LA SEMAINE.

Lundi.	Ponèdelnik.	Montag.
Mardi.	Ftornik.	Dienstag.
Mercredi.	Sréda.	Mittwoch.
Jeudi.	Tchettverk.	Donnerstag.
Vendredi.	Poetnitza.	Freytag.
Samedi.	Soubotta.	Samstag.
Dimanche.	Voskrésénié.	Sonntag.
Semaine.	Nèdèla.	Woche.
Jour.	Denn.	Tag.
Fête.	Prasdnik.	Feyertag.

POUR DEMANDER.

Qui est là ?	Kto tamm ?	Wer ist da ?
Que voulez-vous ?	Tchto vi kotité ?	Was Wollen sie ?
Que voulez-vous ?	Tchèvo isvolté ?	Was Wollen sie ?
Que souhaitez-vous ?	Tchto vamm ougodno?	Was belieben sie ?
Que veux-tu ?	Tchèvo isvoliche ?	Was willst du ?
Que souhaites-tu ?	Tchto tébé ougodno ?	Was hast du gern ?
Voulez-vous ?	Isvolité li vi ?	Wollen sie ?
Souhaitez-vous ?	Ougodno li vamm ?	Belieben sie ?
Veux-tu ?	Isvoliche li ti ?	Willst du ?
Que dites-vous ?	Tchto vi skagété ?	Was sagen sie ?
Où allez-vous ?	Kouda vi idïoté ?	Wo gehen sie hin ?
D'où venez-vous ?	Ott kouda vi idïoté ?	Wo her kommen sie ?
Combien en voulez-vous ?	Mnogoli vamm nadôbno ?	Wie viel brauchen sie
Comprenez-vous ?	Rasoumeïté li vi ? Ponimaïèté li vi ?	Verstchen sie ? Verstehen sie mich?
Savez-vous ?	Znaété li vi ?	Wissen sie ?
Pourriez vous me dire?	Mogété li vi mné skasàtt ?	Kœnnen sie mir sagen?
Est-il permis ?	Posvoléno li ?	Ist es erlaubt ?
Êtes-vous content ?	Dovolni li vi ?	Sind sie zufrieden ?

Français.	Russe.	Allemand.
Voulez-vous quelque chose ?	Kotité li vi tchèvo niboud ?	Wollen sie etwas ?
Désirez-vous quelque chose ?	Gèlaété li vi tchèvo niboud ?	Wünschen sie etwas ?
N'est-ce pas ?	Né pravda li ?	Nicht wahr ?
Qu'est-ce que c'est ?	Tchto takoï ?	Was ist das ?
Quand viendrez-vous?	Kokda vi pridioté ?	Wann werden sie kommen ?
Qui de vous deux ?	Ktò iss vass ?	Welcher von euch beiden ?
Dans quel moment ?	V'kotoroë vrémïa ?	Zu welcher Zeit ?
Que cherchez-vous ?	Kavo vi ichechété ?	Was suchen sie ?
Après qui demandez-vous ?	Kavo vi spràchouété ?	Nach wem fragen sie ?
En voulez-vous ?	Ougodno li vamm ?	Wollen sie davon ?
En avez vous assez ?	Dovolno li ?	Haben sie genug ?
Êtes vous fatigué ?	Oustali li vi ?	Sind sie müde ?
Étes vous malade ?	Bolni li vi ?	Sind sie krank ?
De quel pays ?	Is kotoròi zemmli ?	Aus welchem Lande ?
Quel est votre nom ?	Kak vass Savoûtt ?	Wie ist ihr Nahmen ?
Pourquoi si triste ?	Za tchèm vi tak pètt-chalni ?	Warum so traurig ?
Comment appele-t-on cela en . . . ?	Kak nasivâttsa éto . . ?	Wie heisst das auf. . ?
Parlez vous . . . ?	Gavarité li vi . . . . ?	Sprechen sie . . . ?
Russe ?	Po Rouski ?	Russisch?
Français?	Po Frantsouski ?	Franzœsisch?
Allemand?	Po Nèmètzki?	Deutsch?
Anglais?	Po Aglitzki?	Englisch?
Italien ?	Po Italiauski ?	Italiænisch ?
Latin ?	Po Latinski ?	Lateinisch?
Polonnais?	Po Popolski?	Polnisch ?
Pourquoi ne parlez vous pas ?	Za tchèm vi né gava-rité ?	Warum sprechen sie nicht ?
Resterez vous à la maison ?	Ostanitèss li vi doma?	Werden sie zu hause bleiben ?
Savez vous	Oumété li vi	Kœnnen sie
Lire ?	Tchitâtt?	Lesen ?
Écrire?	Pissâtt?	Schreiben?
Reviendrez vous ce	Séï véttcher pridioté	Werden sie diesen

Pour demander.

Français.	Russe.	Allemand.
soir ?	li vi domoï ?	Abend zurückkommen
Partirez vous demain ?	Poïédèté li vi zaftra ?	Werden sie Morgen abreisen ?
Prenez vous du tabac ?	Noukaïété li vi tabak ?	Schnupfen sie Tabak.
Fumez vous du tabac?	Kourité li vi tabak ?	Rauchen sie Tabak ?
Comment se nomme votre général ?	Kak sovoûtt vachévo gènèrala ?	Wie heisst ihr General?
Par où entreront les troupes ?.	Ott kouda vòisko pri-dïott ?	Wo werden die Truppen hereinkommen?
Que commandez vous	Tchto vi prikagété ?	Was befchlen sie ?
Comment cela se fait-il	Ott tchévo éto ?	Wie kœmmt das ?
Pourquoi cela ?	Za tchém éto ?	Wozu das ?
Comment?	Kak ?	Wie so ?.
Qu'est-ce que vous dites ?	Tchto vi gavarité ?	Was sagen sie ?.
Quel âge avez vous ?	Kotori vamm god ?	Wie viel Iahre sind sie alt ?
Qu'y a-t-il de nouveau	Tchto novavo ?	Was giebts neues ?
Qui vive ?	Kto idiott ?	Wer da ?
Où est-il ?	Guédé onn ?	Wo ist er ?
Vous ai-je offensé ?	Rasvé ïa vass obidel ?	Habe ich sie beleidigt?
Qui vous a comman-dé cela ?.	Kto vamm éto pri-kasal ?.	Wer hat ihnen das ge-heissen ?
Où dois-je le prendre?	Ott kouda vèzatt ?	Wo soll ich es her-nehmen ?
Quel homme est-ce cela ?	Tchto éto sa tchélovek.	Was ist das für ein Mensch ?
Que dit-on de moi ?	Tchto obo mné gava-râtt ?	Was sagt man von mir?
C'est égal.	Vsoravno.	Es ist einthun.
Où l'avez vous vu ?	Guédé vi iévo vidéli ?	Wo haben sie ihn ge-sehen ?
D'où savez vous cela?	Ottkouda vi éto snaïété	Woher wissen sie das?
Que voulez vous de plus ?.	Tchévogé vamm bo-leïé ?	Was wollen sie mehr?
Quel avantage en avez vous ?	Kakaïa vam ott tovo polza ?.	Was haben sie für Nutzen davon ?.
Quel tort ai-je ?	Vétchem ïa prostoupil-sa ?	Worin habe ich un-recht ?
Qu'y a-t-il d'arrivé ?	Tchto sdélaloss ?	Was ist geschehen ?.

Français.	*Russe.*	*Allemand.*
Que faites-vous là ?	Tchto vi tam dèlaïeté?	Was machen sie da ?
Qu'avez-vous à faire ici ?	Kakoï tèbé sdèss dèlo?	Was haben sie hier zu thun ?
Que veux-je faire ?	Tchto mué sdèlâtt ?	Was soll ich machen?
Êtes-vous faché à moi?	Serditi li vi na mèné?	Sind sie bœse auf mich
Êtes-vous marié ?	Gènnati li vi ?	Sind sie verheirathet?
Avez-vous des enfans?	ièstli ou vass dèti ?	Haben sie Kinder ?
Quel grade avez-vous?	Kako voï tchinn imè-ïété ?	Was haben sie für einen Rang?
Que craignez-vous ?	Tchèvo vi bôitèss ?	Was fürchten sie ?
Qui est votre maître ?	Kto vache barinn ?	Wer ist euer Herr ?
Quel grade a t-il ?	Kakov onn tchinn iméïétt ?	Was hat er für Rang?
De quoi parlez-vous ?	ò tchem vi govarité ?	Wovon sprechen sie?
Peut on...?	Mogeno li...?	Kann man...?
Comment s'appelle t-il	Kak ièvo sovôutt ?	Wie heisst er?
Quand viendrez-vous	Kokda vi pridioté ?	Wann werden sie kommen ?
Quand viendra t-il ? (t-elle) ?	Kokda onn (ona) boudett ?	Wann wird er (sie) kommen ?
Combien y a t-il de tems ?	Davno li éto ?	Wie lange ist es her ?
Venez-vous ?	Podité li vi ?	Kommen sie ?

POUR RÉPONDRE.

Pas possible.	Né nelza.	Unmœglich.
Oui.	Da.	Ia.
Non.	Nïétt.	Nein.
Peu , un peu.	Né mnogeko.	Ein wenig.
Très peu.	Ottchenn malo.	Sehr wenig.
Pas beaucoup.	Né mnogo.	Nicht viel.
Je comprends.	Rasouméïou; ponima-ïou.	Ich verstehe.
Je ne comprends pas.	Ia né rasouméïou.	Ich verstehe nicht.
Vous parlez trop vite.	Vi gavarité ottchenn skoro.	Sie sprechen zu geschwind.
Je vous prie.	Prochou.	Ich bitte.
Ne parlez pas si vite.	Né gavarité tak skoro.	Sprechen sie nicht so geschwind.

Français.	Russe.	Allemand.
Je puis.	Ouméïou.	Ich kann.
Je ne puis pas.	Né ouméïou.	Ich kann nicht.
Je sais.	Snaïou.	Ich weiss.
Je ne sais pas.	Né snaïou.	Ich weiss nicht.
Je ne puis vous dire.	Ia né mogou vamm skasâtt.	Das kann ich ihnen nicht sagen.
Pas nécessaire.	Né nadobno.	Nicht nœthig.
Pour vous.	Dla vass.	Für sie.
Attendez un moment.	Podojedité né mnogeko.	Warten sie ein wenig.
Très volontiers.	Iss oudovolstuiem.	Sehr gern.
Pour moi.	Dla mèna.	Für mich.
J'en suis bien aise.	Ia temm dovolenn.	Ich bin zufrieden.
C'est assez.	Dovolno.	Das ist genug.
Je n'en veux pas d'avantage.	Ia bolché né trébouïou	Ich verlange nicht mehr.
Il n'en faut pas d'avantage.	Bolché ne nadobno.	Mehr ist nicht nœthig.
C'est	Éto	Das ist
Vilain.	Koudo.	Schlecht
Abominable.	Dourno.	Abscheulich.
Fâcheux.	Dossadno.	Aergerlich.
Dommage.	Jall *ou* jalko.	Schade.
désagréable.	Né priâttno.	Unangenehm.
Ennuyant.	Skouttcheno.	Langweilig.
J'en suis fâché.	Mné jall ; mné jalko ; sojalïou.	Es thut mir leid.
J'en suis étonné.	Ia tomou oudivlâïouss.	Ich verwundere mich darüber.
Cela m'étonne.	Éto mné oudivitelno.	Das nimmt mich Wunder.
Cela est étonnant.	Éto oudivitelno.	Das ist Wunderbar.
C'est étrange.	Éto stranno ; éto tchoudno.	Das ist seltsam.
Je voudrais bien.	Ia gèlal bi.	Ich wollte gern.
J'ai envie.	Mné kottchèttsa.	Ich habe Lust.
Plut à Dieu !	Daï Bok.	Gott gebe.
Voilà	Vott.	Da ist.

Français.	Russe.	Allemand.
Bon jour ; salut,	Sdrastvouité.	Guten Morgen ; guten Tag.
Monsieur,	Gospodinn.	Mein Herr.
Madame ; Mademoiselle.	Soudarina (gospodina).	Madame ; Jungfer,
Très-humble serviteur	Pokorneïchi slouga.	Gehorsamster Diener.
Comment vous portez-vous ?	Kak vi pogivaété ?	Wie befinden sie sich?
Bien.	Karachò ; slava bogou.	Wohl.
Là , là , tout doucement.	Isradno ; *ou* tak i sak.	So so ; langsam.
Bonne nuit.	Dobra nottche.	Gute Nacht.
Assez bien.	Isradno.	Ziemlich.
Portez-vous bien.	Prottcheïte.	Leben sie vohl.
A revoir.	Do svidania.	Auf wiedersehen.
Votre serviteur.	Pokorni slouga.	Ihr Diener.
Je vous salue.	Prottcheïte.	Ich grüsse sie.
Je vous prie.	Prochou.	Ich bitte sie.
Asseyez-vous.	Saditèss.	Setzen sie sich.
Sans cérémonie.	Bètz tzèrimonii.	Ohne Umstœnde.
Ayez la bonté.	Isvolté.	Belieben sie.
Comme il vous plaira.	Kak vamm ougodno.	Wie es ihnen gefællig ist.
Pardonnez ; excusez.	Isvinité.	Verzeihen sie.
Permettez.	Posvolté.	Erlauben sie.
Merci.	Blagodarstvouïou. Blagodarou.	Ich danke.
Je vous remercie.	Ia vass blagodarou.	Ich danke ihnen.
Vous avez raison.	Vacha pravda.	Sie haben recht.
J'ai tort.	Ia vinovâtt.	Ich habe unrecht.
Venez me voir.	Pojalouité ko mné.	Besuchen sie mich.
Quand viendrez-vous nous voir ?	Kokda vi knam pojalouété.	Wann werden sie uns besuchen ?
Vous ne voulez pas vous asseoir ?	Isvolté sèst?	Wollen sie sich nicht setzen ?
Saluez M.me votre épouse.	Poklonitèss vacheï souprougué.	Grüssen sie ihre Gemahlin.
Je vous remercie.	Blagodarou.	Ich danke.
Mes complimens.	Moïé pottcheténié.	Meine Empfehlung.

Français.	*Russe.*	*Allemand.*
Combien vous faut-il de chambres ?	Skolko komnâtt vamm nadobno ?	Wie viel Zimmer haben nœthig ?
Donnez-vous la peine de monter.	Isvolté nà verk itti.	Belieben sie hinauf zu gehen.
J'ai froid.	Ia osiab.	Ich bin kalt.
Chauffez-vous,	Pogreïtéss.	Wærmen sie sich.
Nous n'avons point d'écurie.	Koniouchenï ou nass niètt.	Wir haben keinen Stall.
Je n'ai pas loin jusqu'à la maison.	Mné né daléko itti domoï.	Ich habe nicht weit zu Hause.
Je demeure seul.	Ia givou odinn.	Ich wohne allein.
Êtes-vous l'hôte ?	Kosainn li vi ?	Sind sie der Wirth.
Reviendrez-vous ce soir ?	Seï vèttcher pridioté li vi domoï ?	Kommen sie diesen Abend zurück ?
Prenez garde au feu.	Bèrèguissa oguèna.	Geben sie acht aufs Feuer.
Êtes-vous l'hôtesse ?	Kosaika li vi ?	Sind sie die Wirthinn.
Où est l'hôte ?	Guedè kosainn ?	Wo ist der Wirth ?
Où est l'hôtesse ?	Guedè kosaika ?	Wo ist die Wirthin ?
Il n'y est pas.	Iévo dôma niétt.	Er ist nicht zu Hause.
Elle n'y est pas.	Iéïa dôma niétt.	Sie ist nicht zu Hause.
Il (elle) va venir.	Onn (ona) tottchass boudett.	Er (sie) wird gleich kommen.
Je vais l'appeler.	Ia iévo posovou.	Ich will ihn rufen.
Attendez un moment.	Podojèdité né mnogeko.	Warten sie ein wenig.
Ouvrez	Ottvorité.	Machen sie auf.
Fermez	Sattvorité	Machen sie zu
La porte.	Dvéri.	Die Thüre.
Les fenêtres.	Okocheki.	Die Fenstern.
Mouchez la chandelle.	Snimi so svèttcheki.	Putzen sie das Licht.
Éteignez la chandelle.	Pogassi svèttchekou.	Machen sie das Licht aus.
Je veux me laver.	Ia kottchou mittsia.	Ich will mich waschen.

DU BOIRE ET DU MANGER.

Voulez-vous déjeuner?	Kotité li vi zaftràkâtt?	wollen sie frühstücken,
Diner ?	Obèdâtt.	Zu Mittag essen.
Souper ?	Ouginâtt.	Zu Nacht essen.

Français.	Russe.	Allemand.
Avez-vous déjeuné ?	Zaftrika li livi ?	Haben sie gefrüstückt?
Avez-vous faim ?	Kotité li vi kouchâtt ?	Haben sie Hunger ?
Avez-vous soif ?	Kotité li vi pitt ?	Haben sie Durst ?
Prenez-vous du café ?	Kouchaété li vi kofeï ?	Trinken sie Kaffee ?
Buvez-vous de la bière?	Kouchaété li vi pivo ou piva ?	Trinken sie Bier ?
Le déjeuner	Zaftrik	Das Früstück
Le dîner	Obiéd	Das Mittagessen
Le souper	Ougènn	Das Abendessen
est prêt.	gòtof.	ist fertig.
Apportez le café.	Podaï kofeï.	Gieb den Kaffee her.
Versez.	Naleïté.	Schenken sie ein.
Voulez - vous dîner avec moi ?	Isvolité li vi somnòïou otto bèdâtt ?	Wollen sie mit mir zu Mittag speisen ?
Mettez la table.	Nakrivài stol.	Deck den Tisch.
Donnez le manger.	Podavài kouchanié.	Gieb das Essen her.
Dites que le manger est prêt.	Skagi tchto kouchanié gotovo.	Sag dass das Essen fertig sey.
A quelle heure voulez-vous dîner ?	V'kotoroum tchassou isvolité li vi obèdâtt?	Um wie viel uhr wollen sie zu mittagessen
Apportez du biscuit.	Prinèssi soukari.	Bringe Zwieback.
Mangerez-vous de la soupe ?	Kouchaïété li vi soup ?	Essen sie Suppe ?
Elle est bien chaude.	Onn ottchènn gorétt-che.	Sie ist sehr heiss.
Faites tout de suite du café.	Svari skorèïé kofeï.	Mache geschwind kaf-fee.
Voulez-vous du bouil-li ?	Isvolité li vi govédini?	Wollen sie Rind-fleisch ?
Vous ne buvez pas.	No vi nittchévo né piotté.	Sie trinken nicht.
Voulez-vous de la bière	Ougodno li vamm piva ?	Ist ihnen Bier gefællig?
Voulez-vous du pain?	Prikajété li vi klèba ?	Befehlen sie Brod ?
Voulez-vous du thé ?	Isvolité li tchaï kou-châtt?	Belieben sie Thee zu trinken ?
A votre santé.	Za vaché sdarovié.	Auf ihre Gesundheit.
Voulez - vous manger dans votre chambre ou bien avec nous ?	Ougodnoli vamm vés-vòïé gornitzé , ili snami kouchâtt ?	Wollen sie auf ihrem Zimmer speisen , oder mit uns ?

C

Français.	Russe.	Allemand.
Mangez.	Kouchaïté.	Essen sie.
Je ne suis pas habitué de manger si tard.	Ia né privik tak posdno kouchâtt.	Ich bin nicht gewœhnt so spæt zu essen.
Il a une faim de loup.	Onn golodenn kak Volk.	Er ist hungrig wie ein Wolf.
Nous n'avons encore rien mangé aujourd'hui.	Mi vèss dènn nittchèvo né ïélli.	Wir haben den ganzen Tag nichts gegessen.
Je n'ai encore rien mangé.	Ia échetché nittchévo né ièll.	Ich habe noch nichts gegessen.
Goûtez ce vin là.	Ottvèdaité étovo vina.	Kosten sie den Wein.
Eau-de-vie.	Vodki.	Brandwein.
Je ne bois pas de vin.	Ia né pïou vina.	Ich trinke keinen Wein
La bière est aigre.	Pivo ottchenn kisłoïé.	Das Bier schmeckt sauer.
Trouvez-vous cela bon	Kakovo vamm kagètt-sa kouchanié ?	Wie schmeckt ihnen die Speise ?
Où est votre verre ?	Gurdé vache stakann?	Wo ist ihr Glas?
Voulez-vous manger de la viande ?	Kotité li vi skoromnoï kouchâtt ?	Wollen sie Fleisch essen ?
Dequoi avez vous besoin ?	Skagité tchto vamm nadobno ?	Was brauchen sie ?
Quel vin voulez-vous?	Kakova vina vi prikagété ?	Was für Wein wollen sie ?
Rouge.	Krasnavo.	Rothen.
Blanc.	Biéloyo.	Weissen.
L'eau-de-vie n'est pas forte.	Vodka né kriepka.	Der Brandwein ist nicht stark.
Je vous donnerai une autre bouteille.	Ia vam damm drougouïou boutilkou.	Ich gebe ihnen eine andere Bouteille.
Donnez-moi un morceau de rôti.	Pojalnité mué koussok Jarkova.	Geben sie mir ein Stück Braten.
Rincez les verres.	Vipoloskaïté stakani.	Spülen sie die Glæser aus.
J'en ai assez.	Ia sïtt.	Ich bin satt.
Je ne puis manger d'avantage.	Ia né mogou bolché kouchâtt.	Ich kann nicht mehr essen.
Pain.	Kleb.	Brod.
Vin.	Vino.	Wein.
Viande.	Miésso.	Fleisch.

Français.	Russe.	Allemand.
J'ai sommeil.	Mné kottchèttsa spâtt.	Ich habe Schlaf.
Bonne nuit.	Dòbra nottche.	Gute Nacht.
Éveillez-moi de bon matin.	Rasboudité mné poranélé.	Wecken sie mich früh auf.
Levez-vous.	V'stavaité.	Stehen sie auf.
Voulez-vous aller vous coucher ?	Kotité li vi spâtt ?	Wollen sie schlafen gehen ?
Voilà votre lit.	Sdèss postellé vacha.	Hier ist ihr Bett.
Le matelas.	Tifak.	Die Matratze.
Lit de plumes.	Poukovnik.	Federbett.
Bois de lit.	Krovâtt.	Bettlade.
Oreiller.	Podoucheka.	Kopfkissen.

DU TEMPS ET DES SAISONS.

Français.	Russe.	Allemand.
Ce jour.	Nà sik dèniak.	Dieser Tag.
Après demain.	Poslé saftra.	Uebermorgen.
Le plutôt est le meilleur.	Tchèm skoreï tem louttché.	Ie eher, ie lieber.
Quel quantième avons-nous ?	Katoroé tchislo sèvodni ?	Was haben wir heute für einen Datum ?
Quel temps fait-il ?	Kakova pogoda ?	Was ist für Wetter ?
Il fait beau temps.	Karochaïa pogoda.	Es ist schœnes Wetter.
Mauvais temps.	Dournaïa pogoda.	Schlechtes Wetter.
Il pleut.	Dogedi idiott.	Es regnet.
Il neige.	Snièk idiott.	Es schneyet.
Il gèle.	Morositt.	Es friert.
Il dégèle.	Taïett.	Es thauet auf.
Il fait froid.	Kolodno.	Es ist Kalt.
Il fait chaud.	Téplo.	Es ist warm.
Très chaud.	Jarko.	Heiss.
Étouffant.	Doucheno.	Schwül.
Nous aurons un orage.	Gnosa boudett.	Es wird ein Gewitter geben.
Il fait des éclairs.	Molnia sverkàïett.	Es blitzt.
Il tonne.	Gromm grèmitt.	Es donnert.
Il fait un grand vent.	Ottchènn viétrèno.	Es ist sehr Windig.
Le ciel est couvert.	Nebo pakmourno.	Der Himmel ist trübe.
Le temps s'éclaircit.	Pogoda rasgoulivaïéttsa.	Das Wetter erheitert sich.

Français.	*Russe.*	*Allemand.*
Le ciel est étoilé.	Sviésdi na nébé.	Der Himmel ist gestirnt
Il fait clair de lune.	Mïessètz sviétitt.	Es ist mondschein.
Il fait du soleil.	Solentzé si saïett.	Die Sonne scheint.
La pluie va passer.	Dogik skoro pròidiott.	Der Regen geht bald vorüber.
Le vent nous est contraire.	Véter nâm protivènn.	Der Wind ist uns entgegen.
Le temps devient plus chaud.	Pogoda tépléïé stanovittsa.	Das Wetter wird wærmer.
Le tonnerre est tombé.	Gromm oudaril.	Der Blitz schlug ein.
Le couchant.	Zapada.	Abend.
Le sud.	Poldéss.	Mittag.
Le nord.	Séver.	Nord.
Orient.	Vostok.	Ost.
Je sue partout.	Ia vèss vépotou.	Ich schwitze durch und durch.
Fait-il froid dehors?	Kolodno li nà dvoré?	Ist es kalt draussen?
La lune est trouble; *ou* cerclée.	Okolo mésatza ièst krouk.	Der Mond hat einen Hof.
Je ne sens rien.	Ia nittchévo né tchoufstévouïou.	Ich fühle nichts.
Le vent du nord souffle	Sévèrnoï véter vòiett.	Der Nordwind pfeift.
J'ai les doigts engourdis.	Paltsi ou mèné krèpnôutt.	Die Finger erstarren mir.
Nous avons maintenant clair de lune.	Tépér ou nass svétitt mésètz.	Wir haben ietzt mondschein.
Je suis tout gelé.	Ia vèss oziab.	Ich bin ganz erfroren.
Il commence à faire clair.	Svèttlo stanòvittsa.	Es wird hell.
Il est tombé de l'eau.	Voda oubila.	Es ist Wasser gefallen
Été, Hiver, Printemps, Automne.	Léto, Zima, Vèssna, Ossènn.	Sommer, Winter, Frühling, Herbst.

DES HEURES.

Quelle heure est-il?	Kotori tchass?	Wie viel Uhr?
Midi.	Pervoï.	Zwœlf Uhr.
Une heure.	Tchass.	Ein Uhr.
Deux heures, etc.	Dva tchassa, etc.	Zwey Uhr, etc.
Une demi-heure.	Poltchassa.	Ein halb Stund.

Français.	Russe.	Allemand.
Un quart-d'heure.	Tchéttverti tchass.	Ein viertel Stund.
Trois quarts.	Tri tchèttverti.	Drey Viertel.
Il va sonner.	Skoro probiott.	Es wird gleich schlagen.
Quelle heure sonne-t-il ?	Skolko tchassoy téper biott ?	Was schlægt es ietzt ?
Il vient de sonner.	Bilo.	Es hat geschlagen.
Après midi.	V'pérvomin.	Nachmittag.
Je viendrai.	Ia boudou.	Ich werde kommen.
N'avez-vous point de montre ?	Niètt li ouvass tchassoy ?	Haben sie keine Uhr ?
Votre montre va-t-elle bien ?	Vierno li idoutt vachi tchassi ?	Geht ihre Uhr richtig?
Elle avance.	Oni oukòdiëtt.	Sie geht vor.
Elle retarde.	Oni ostaïoùttsa.	Sie geht nach.
Elle s'arrête quelquefois.	Oni inokda ostana vlivaïouttsa.	Sie bleibt bisweilen stehen.
Elle est arrêtée.	Oni socheli.	Sie ist abgelaufen.
Il faut la remonter.	Nadobno ik savèsti.	Ich muss sie aufziehen.
Il n'est pas encore tard.	Tèper iècheché nè posdno.	Es ist noch nicht spæt.
Demain je n'aurai pas le temps.	Ou mènè zaftra vrèmèni né boudett.	Morgen habe ich keine Zeit.
La montre ne va pas.	Tchassi né idoutt.	Die Uhr steht still.
Il est fort tard.	Ottchenn posdno.	Es ist sehr spæt.

DU VOYAGE.

Français.	Russe.	Allemand.
Bon voyage.	Blagopalouttcheni wamm poûtt.	Glückliche Reise.
Le chemin est-il . . . ?	Doroga li . . . ?	Ist der Weg . . . ?
Bon ?	Karacha ?	Gut ?
mauvais ?	Dourna ; kouda ?	Schlecht ?
Comment est le chemin ?	Kakova doroga ?	Wie ist der Weg ?
Il y a de la poussière.	Doroga pilna.	Er ist staübig.
Il y a de la boue.	Doroga grèsna.	Er ist kothig.
Combien de lieues y a-il jusqu'à...?	Mnogo (*ou* skolko) li mil ott souda do...?	Wie viel stunden (*ou* Meilen) sind bis?
Quelle route faut-il prendre ?	Po kotoròi dorògué namm iékâtt ?	Was für eine Strasse müssen wir nehmen.

Français.	*Russe.*	*Allemand.*
Tout droit.	F'sio priamo.	Gerade aus.
Comment s'appelle ce village ?	Kak eta dèrèvna nassivâttsa ?	Wie heisst dieses Dorff ?
Quand partirez-vous ?	Kokda vi pòïèdété ?	Wann werden sie reisen ?
Où allez-vous ?	Kouda vi ïèdété ?	Wo reisen sie hin ?
Je vais à...	ïa ièdou F'...	Ich reise nach...
Préparez la voiture.	Salogi karétou.	Spanne die Kutsche an
Arrête.	Postoï.	Halt an.
Amenez le cheval.	Provèdi lochâd.	Führe das Pferd vor.
Faites ferrer le cheval.	Vèli podkovàtt lochâd.	Lass das Pferd beschlagen.
Y a-t-il loin ?	Dalòko li ?	Ist es weit ?
Vous vous êtes trompé.	Vi sabloutiliss,	Sie haben sich verirrt.
Allez	Podité	Gehen sie
à droite.	na prava.	Rechts.
à gauche.	na léva.	Links.
tout droit.	priamo.	Gerade aus.
Retournez.	Podite nasad.	Gehen sie zurück.
De l'autre côté.	Po tou storonou.	Auf der andern Seite.
Ici, c'est plus près.	Sdèss bligé.	Hier ist's næher.
C'est un détour.	Éto krouk.	Das ist ein Umweg.
½ lieue.	Polovina mili.	Ein halb Stund.
Quel est le chemin de.	Kotoròi dòrògòïou mné itti...	Wo ist der Weg nach.
Montrez-moi le chemin.	Pokagité mné dorogou	Zeigen sie mir den Weg.
Tournez à...	Povoritité na...	Gehen sie... um.
Où est l'auberge ?	Guedé traktir ?	Wo ist das Wirthshaus ?
Où est le cabaret ?	Guedé kabak ?	Der Schenke ?
Je vais vous montrer.	Ïa vamm pokajou.	Ich will es ihnen zeigen.
J'irai avec vous.	Ia pòidou svami.	Ich will mit ihnen gehen.
Voici l'auberge.	Vott sdèss traktir.	Hier ist das Wirthshaus.

Français.	*Russe.*	*Allemand.*
Oui; Non.	Da; Nïett.	Ia; Nein.
Dieu le sait.	Bok iévo snaïétt.	Das weiss Gott.
J'en suis assuré.	Ia tottchno ouvèrenn.	Ich bin gewiss über zeugt.
Je vous assure.	Ia ouvèraïou vass.	Ich versichere sie.
C'est comme cela.	Dèlo tottchno tak.	Es ist virklich so.
Je le sais positivement.	Ia za verno snaïou.	Ich weiss es gewiss.
Au nom de Dieu.	S Bògomm.	In Gottes Namen.
Ce n'est pas pour ba-diner.	Éto né chouttka.	Das ist kein Spass.
Pensez à moi.	Pomnité na ména.	Denken sie an mich.
Très bien.	Ottcheun Karachò.	Sehr wohl.
Je vous avoue sincère-ment.	Prisnàïouss vamm.	Ich gestehe ihnen auf-richtig.
Je n'ai pas peur.	Ia né boïouss.	Ich bin nicht bange.
Cela ne va pas bien	Éto né prosto.	Das geht nicht recht.
Au contraire.	Na protif tovo.	Im gegentheil.
Vous vous trompez.	Vi ochibaètèss.	Sie irren sich.
Cela n'arrivera jamais.	Éto ni kokda né bou-dett.	Es wird nie geschehen.
Je n'ai pas envie.	Ia né imèïou okoti.	Ich habe keine Lust.
Justement.	Tottchno tak.	Just so.
Je ne puis pas vous le dire.	Ia nè mogou vamm skasâtt.	Ich kann es ihnen nicht sagen.

POUR LOUER, APPROUVER, CRITIQUER.

Vous êtes un brave homme.	Vi dobri tchèlovek.	Sie sind ein guter Mensch.
Vous êtes de braves gens.	Vi dovrié loudi.	Ihr seyd gute Leute.
C'est un homme gentil.	Oнn mili tchèlovek.	Das ist ein lieber Mann.
J'en suis content.	Ia davolènn étimm.	Ich bin damit zufrieden
Je suis content.	Ia soklassenn.	Ich bin es zufrieden.
Vous êtes bien vif.	Vi ottchènn goràttchi.	Sie sind sehr hitzig.
N'avez-vous point de honte!	Né stidnoli vamm!	Schæmen sie sich nicht.
Bêtise! sottise!	Pousstïaki!	Dummes Zeug!
Ne le dites pas.	Né skagité.	Sagen sie es nicht.

Français.	Russe.	Allemand.
Cela n'est pas bien de votre part.	Éto nò karáchò ott vass.	Das ist nicht hübsch von ihnen.
Sans doute.	Bètz somnénia.	Ohne Zweifel.

DE LA SANTÉ.

Êtes-vous bien portant?	Sdarovi li vi ?	Sind sie gesund ?
Pas trop.	Nè ottchènn.	Nicht so recht.
Je ne me porte pas bien	Ia né mogou.	Mir ist nicht wohl.
Je suis très foible.	Ia ottchènn slâb.	Ich bin sehr schwach.
Je me suis refroidi.	Ia prostoudilsa.	Ich habe mich erkæltet.
J'ai mal à la tête.	Ou mné galava bolitt.	Ich habe Kopfweh.
Cela ne va pas.	Mné ottchènn dourno.	Mir ist gar nicht recht.
Avez-vous de l'appétit?	Éstli ou vass apètitt ?	Haben sie Apetit ?
Il faut suer.	Vamm nadobno potètt.	Sie müssen schwitzen.
Comment est le pouls?	Kakov ou vass poulss?	Wie ist ihr puls ?
Il faut vous faire saigner.	Vamm nadobno krov poustitt.	Sie müssen aderlassen.
Il est malade à la mort.	Onn prissmerti bolènu.	Er ist auf den Tod krank.
Rhume de cerveau.	Nasmork.	Schnupfen.
La blessure est guérie.	Rana zagila.	Die Wunde ist geheilt.
Il vit encore.	Onn èchecho giv.	Er lebt noch.
Je suis tout abattu.	Ia Vesma slab.	Ich bin ganz matt.
Vous paraissez blessé.	Vi kagèttsa ranènn.	Sie scheinen verwundet.
Pas trop bien.	Nè ottchènn karachò.	Nicht sehr wohl.

DE LA VILLE.

Comment vous plaît la ville?	Kakov vamm pokagètt sa étott gòrod ?	Wie gefællt ihnen diese Stadt ?
La ville est belle.	Gòrod karoche.	Die Stadt ist schœn.
Maison.	Dòmm.	Haus.
Rue.	Oùlitza.	Strasse.
Combien y a-t-il d'églises?	Mnogo li tzerkvéï ?	Wie wiel Kirchen ?
Où est le marché ?	Guedé basar ?	Wo ist der Markt ?
Où est la poste ?	Guedé pottchetòvòi dvor ?	Wo ist die Post?

Français.	Russe.	Allemand.
Poste aux lettres ?	Pismènaïa pottcheta.	Die Briefpost.
Montrez-moi où est le spectacle ?	Pokagité mné téatèr?	Zeigen sie mir das Théater ?
Quel est le nom de cette rue ?	Kak éta oulitza nasivà éttsa ?	Wie heisst diese Strasse ?
A qui est cette maison?	Tcheï étott dômm ?	Wem gehœt dies Haus.
A qui est ce jardin ?	Tcheï étott sad ?	Wem gehœrt der garten

POUR VENDRE OU ACHETER.

Français.	Russe.	Allemand.
Que coûte cela ?	Pottchémou éto ?	Was kostet dies ?
Je n'aime pas de mar-chander.	Ia torgòvàttsa né lou-blou.	Ich liebe nicht zu handeln.
Voilà de bonnes mar-chandises.	Vott karachié tovari.	Hier sind gute Waaren
Je ne surfais pas.	Ia lichenévo né vasmou	Ich übertheure nicht.
Payez.	Saplatité.	Bezahlen sie.
Argent comptant.	Za nalittchenié dènn-gui.	Für baares Geld.
Avez-vous de l'argent sur vous ?	Iést li ouvass denn-gui ?	Haben sie Geld bey ihnen ?
Que donnez-vous?	Tchto vi kotité davàtt.	Was geben sie ?
Très-volontiers.	Izvolité.	Sehr gern.
C'est très-cher.	Ottchènn dorogo.	Es ist sehr theuer.
Bon marché.	Dèehèvi.	Wohlfeil.
Dites-moi le dernier prix ?	Skagité poslèdnou ou tzénou ?	Sagen sie den letzten Preis ?
Je me fie à vous.	Ia vamm vézouïou.	Ich traue ihnen.
Combien coûte...	Tchto stòitt....	Was kostet....
l'aune ?	lokott?	die Elle ?
la livre ?	fount ?	das Pfund?
Combien coûte l'aune de cette toile ?	Pottchémou lokott éto-va kolsta ?	Wie theuer die Elle von dieser Leinwand.
C'est cher.	Éto dorogo.	Das ist theuer.
C'est trop.	Éto mnogo.	Das ist zuviel.
Je vous en donnerai.	Ia vamm damm.	Ich werde ihnen geben
Acheter ; vendre.	Koupitt ; prodòvàtt.	kaufen ; verkaufen.
On ne peut.	Né lezia.	Man kann nicht.
A ce prix.	Za étou tziénou.	Für diesen preis.
Le laisser.	Oustoupitt iévo.	Es ablassen.
Donnez encore....	Daïté iéttcho....	Geben sie noch....

D

Français.	Russe.	Allemand.
Je n'en donnerai pas d'avantage.	Ia bolché né damm.	Ich gebe nicht mehr.
Eh bien, prenez-le	Karachò, vosmité.	Gut, nehmen sie es.
Combien en voulez-vous ?	Skoliko prikàgèté ?	Wie viel wollen sie ?
Coupez.	Otrégité.	Schneiden sie ab.
Pesez.	Ottvièsté.	Wiegen sie ab.
Combien dois-je ?	Tchto mné saplatitt ?	Wie viel muss ich geben ?
Tenez voilà	Vott vamm	Hier haben sie
votre argent.	dènngui.	ihr Geld.
un ducat.	tchervonètz.	ein Dukaten.
Rendez-moi s'il vous plaît.	Isvolité mné ottdàtt.	Belieben sie mir heraus zu geben.

DU CHEVAL.

Français.	Russe.	Allemand.
Otez la selle.	Rassièdlaï lochàd.	Sattle das Pferd ab.
Menez le cheval à l'écurie.	Vè vèdi lochàd v'koniouchenïou.	Führe das Pferd in den Stall.
Donnez au cheval	Podài lochàdi...	Gieb dem Pferde.
du foin,	séno.	Heu
de la paille.	soloma; saloma.	Stroh
de l'avoine.	ovèss ; ovïoss.	Hafer.
Le cheval s'est déferré.	Lochàd raskovalass.	Das Pferd hat Hufeisen verloren.
Le cheval a perdu un de ses fers.	Ou lochadi odnoï podkovi niett.	Es fehlt dem Pferde ein Hufeisen.
Il faut ferrer le cheval.	Nadobno podkovàtt lochadi.	Man muss das Pferd beschlagen.

POUR SE PLAINDRE, SE RÉJOUIR.

Français.	Russe.	Allemand.
Mon Dieu !	Bogé moï !	Mein gott !
C'est triste.	Éto priskorbno.	Das ist betrübt.
C'est bien chagrinant.	Éto ottchènn dòsadno.	Das ist sehr verdrüsslich.
C'est un méchant homme.	Onn Serditi tchèlovek.	Das ist ein bœser Mensch.
Je pleurerais volontiers.	Mné plakàtt kòtchèitsa.	Ich mœchte weinen.

Français.	Russe.	Allemand.
Quel désordre est-ce cela?	Tchto éto za bèspò-rédok?	Was ist das für Unordnung?
Les tems sont mauvais.	Koudii vrèmèna.	Es sind schlechte Zeiten.
Dieu nous en garde!	Né daï Bogé!	Das gebe Gott nicht!
Ça ira mal pour nous.	Koudo snami boudett.	Es wird uns übel gehen.
Cela ne m'inquiète pas.	Éto mèné né bespò-kòitt.	Das beunruhiget mich nicht.
J'ai appris une bonne nouvelle.	Ia pòlouttchil prièttnouïou vèst.	Ich habe eine angenehme Nachricht erhalten.
En êtes-vous content?	Radouitèss étòmou?	Sind sie froh darüber?
Je me réjouis.	Ia radouïouss.	Ich freue mich.

PHRASES DIVERSES.

Français.	Russe.	Allemand.
Je viens de la ville.	Ia idou iss gorodou.	Ich komme aus der Stadt.
Comme cela!	Tak i sak!	So so!
Je vais à la maison.	Ia idou domoï.	Ich gehe nach Hause.
Je viens de la maison.	Ia idou iss dòma.	Ich komme vom Hause
Vous êtes bien pressé.	Vi ottchènn spèchité.	Sie eilen sehr.
Vous allez bien vite.	Vi idioté vesma skoro.	Sie gehn sehr geschwind.
J'ai beaucoup à faire.	Ou mèné ièst mnogo dèla.	Ich habe viel zu thun.
Ne restez pas longtems.	Né ostàvèïtèss dolgo.	Bleiben sie nicht lang.
Je vais revenir.	Ia skoro bodou nasad.	Ich komme bald zurück.
Je vous avoue.	Prisnaïouss vamın.	Ich gestehe ihnen.
Venez à la maison.	Poïdiomté domoï.	Kommen sie nach Hause.
Je l'ai oublié.	Ia posabil.	Ich habe es vergessen.
Ayez la bonté.	Milosti prochou.	Haben sie die Güte.
Vous avez raison.	Vacha pravda.	Sie haben recht.
Il est tems d'aller à la maison.	Para itti domoï.	Es ist Zeit nach Hause zu gehen.
Je sais lire et écrire.	Ia oumeïou tchitatt i pissàtt.	Ich kann lesen und schreiben.

Phrases Diverses.

Français.	Russe.	Allemand.
Je n'en suis pas cause.	Ia nè vinovâtt.	Ich bin nicht schuld.
C'est une grande dif-férence.	Éto vélika rasnitza.	Das ist ein grosser Unterschied.
Comme vous voudrez.	Kak Kottchèté.	Wie sie wollen.
Viens ici.	Pòdi souda.	Komm her.
Ensemble.	V'mesté.	Zusammen.
Par exemple.	Nà primér.	Zum Beispiel.
Arrêtez.	Prodogèdité.	Warten sie.
Jugez.	Rassoudité.	Urtheilen sie.
Taisez-vous.	Moltchité.	Schweigen sie.
Ouvrez.	Ottvorité.	Machen sie auf.
Fermez.	Sattvorité.	Machen sie zu.
C'est singulier.	Oudivitelno.	Das ist Wunderbar.
Exprès.	Narott heno.	Mit Fleiss.
Finissez.	Pèrestannté.	Hœren sie auf.
Commandez.	Prikagité.	Befehlen sie.
Dites-moi.	Skagité mné.	Sagen sie mir.
Cherchez.	Ichechité.	Suchen sie.
Levez-vous.	V'stavaité.	Stehen sie auf.
Je m'en vais.	Ia idou.	Ich gehe aus.
Cela ne me regarde pas	Mné nougedi niétt.	Das geht mir nichts an.
C'est nécessaire.	Éto nougeno.	Es ist nœthig.
Je vous ai bien vu.	Ia vass ottchènn pri-mètil.	Ich habe sie wohl gesehen.
Il faut profiter du tems.	Dolgeno polsovátsé vré ménem.	Man muss die Zeit be-nutzen.
Cet habit m'est trop étroit.	Kaftann mné ousok.	Das Kleid ist mir zu enge.
C'est l'usage chez nous.	Ou nass vodittsa.	Es ist bey uns geb-ræuchlich.
Tu n'as rien à faire ici.	Tébé toùtt dèla niétt.	Du hast da nichts zu thun
J'ai besoin d'argent.	Mné denngui nabodni.	Ich brauche Geld.
Je n'en suis pas cause.	Ia tomou né pritchi-nòïou.	Ich Kann nichts dafür.
Après cela.	Posslé tovo.	Nach diesem.
C'est pour cela.	Dli tovo.	Darum.
Pensez un peu.	Po loumaîté.	Denken sie einmal.
C'est un homme qui aime à rire.	Éto sabavni tchélovek.	Das ist ein spasshafter Mann.

Français.	*Russe.*	*Allemand.*
Cependant, néanmoins toutefois.	Mègedou temm.	Unterdessen.
Laissez cela comme ça.	Ostavté éto.	Lassen sie das gut seyn.
J'ai manqué en cela.	Ia f'étomm ochibsa.	Ich habe hierinnen gefehlt.
C'est une fantaisie.	Éto vidoumki.	Das ist eine erdichtung.
Ce mot m'est inconnu.	Éto slovo mné né isvéstno.	Dies Wort ist mir unbekannt.
Je n'en ai rien obtenu.	Ia nittchévo ott névo né pòloùttchil.	Ich habe von ihm nichts erhalten.
J'attends des lettres.	Ia ogidàïou pissem.	Ich erwarte Briefe.
Je vous ai vu.	Ia vass videl.	Ich habe sie gesehen.
Je trouve difficile de parler Russe.	Mné ottchènn troudno po rassiski govaritt.	Es fællt mir schwer russisch zu sprechen.
On peut dire cela.	Éto mogena skasátt.	Das Kann man leicht sagen.
Ça me dure trop longtems.	Éto dlé mené ottchènn dolgo boudett.	Das geht mir zu lange.
Je savais cela depuis long-tems.	Éto ia davno snal.	Das wusst ich længst.
Cela ne convient pas.	Éto né pristòino.	Das schickt sich nicht.
Il n'a pas d'éducation.	Onn nikakavo vospitania né imétt	Er hat Keine Lebensart.
Je n'entends rien à cela.	Ia né mogou ponétt étovo.	Ich werde nicht aus der Sache klug.
Je n'ai parlé à personne.	Ia ni skèmm négavaril.	Ich habe niemanden gesprochen.
Voyons ce qu'il dira.	Ouslichimm tchto onn skagétt.	Wir wollen hœren was er sagen wird.
Il n'aime pas la plaisanterie.	Onn né loubitt choutitt.	Er liebt Keinen Spass.
Prenez garde à lui.	Ostèrégaitèss égo.	Hüten sie sich vor ihm.
J'ai vu votre frère.	Ia videl vachévo bràta.	Ich habe ihren Bruder gesehen.
Cela ne m'intéresse pas.	Éto mené né trogàïétt.	Das interessirt mich nicht.
Vous n'en irez pas quitte comme ça.	Éto vamm darom né pròidïott.	Das geht ihnen nicht so hin.
Cela approche de sa fin.	Dèlo podkoditt Kosyòïémou Kentsou.	Die Sache geht am Ende.

Français.	*Russe.*	*Allemand.*
Il n'est pas content.	Onn né davolènn.	Er ist nicht zufrieden.
Je ne sais pas son nom.	Ia né mogou ièvo nasvâtt.	Ich kann ihn nicht nennen.
Je n'ai pu le trouver.	Ia né mogue ièvo nàititt.	Ich habe ihn nirgends gefunden.
Ce n'était pas pour se fâcher.	'Ia né tak serditt bil.	Es war nicht so bœse gemeint.
Je badinais.	Ia tolko choutil.	Ich spasste nur.
Je vais avoir fini; être prêt.	Ia pottcheti gòtov.	Ich bin beynahe fertig.
Il l'a mérité.	Onn éto saslougil.	Er hat es verdient.
Je n'en ai plus envie.	Okota ou mènè prochela.	Die Lust ist mir vergangen.
Ne m'attribuez pas cela.	Né tribouité étovo ott mènè.	Muthen sie mir das nicht zu.
Je ne dis rien.	Ia nittchèvo né gavarou	Ich sage nichts.
Je disais seulement comme ca.	Ia tolko tak skasal.	Ich sagte nur so.
Remarquez cela.	Pomnité sébié éto.	Merken sie sich dieses.
Ne vous donnez pas la peine.	Né trouditésa vi.	Bemühen sie sich nicht.
Attendez jusqu'à ce que je revienne.	Podagédité vi poka ia priédou.	Warten sie bis ich komme.
J'ai résolu.	Ia réchilsa.	Ich habe beschlossen.
Guères mieux.	Né mnogo poloûttehé.	Nicht viel besser.
Tant mieux.	Tèmm loûttché.	Desto besser.
Tant pis.	Tèmm kougé.	Desto schlimmer.
Le meilleur.	Samoï louttchi.	Das beste.
Jusqu'à moi.	Do mènè.	Bis zu mir.
Qui que ce soit.	Kto Kottchètt.	Wer da will.
Je n'ai plus d'argent.	Denngui moï propali.	Mein Geld ist fort.
On n'en parle pas volontiers.	O tomm né okottno gavarétt.	Man spricht nicht gern davon.
J'endure beaucoup.	Ia mnogo stradàïou.	Ich dulde viel.
J'ai été une fois à...	Ia bil nékokda F'...	Ich war einst in...
Cela ne finit pas.	Niétt konnza.	Es hat kein Ende.
Passe ton chemin; va-t'en; marche.	Podi prottche; pachol; vonn.	Geh deiner Wege; Marsch; Fort.
Cela passe encore.	Chivott ièchettcho.	Das geht noch an.
Cela m'est égal.	Mné v'sé ravno.	Mir ists einerley.

Français.	*Russe.*	*Allemand.*
Il est toujours content.	Onn v'sèkda vèssel.	Er ist immer vergnügt
Cela m'a beaucoup coûté.	Éto mné dorogo stàlo.	Das hat mir viel gekostet.
Les loups ne se mangent pas.	Varona varoné glasa né viklouïétt.	Eine Kræhe hackt der andern die Augen nicht aus.
Il n'y a pas grande perte.	Béda né vèlika.	Es ist kein grosser Schaden.
Faites-le venir.	Vèlité ïémou pritti.	Lassen sie ihn her kommen.
Il n'est pas de bonne humeur.	Onn né ottchènn raspòlogènn.	Er ist nicht aufgelegt.
Que le diable t'emporte.	Tchortt tébé pobèri.	Hohl dich der Teufel.
La chandelle n'éclaire pas bien.	Svéttcheka né ïasno gôritt.	Das Licht brennt nicht hell.
Il faut espérer.	Dolcheno ogidátt.	Man muss es hoffen.
La porte est ouverte.	Dvèri ottperti.	Die Thüre ist offen.
On n'a rien sans peine.	Bèss trouda nittchévo nè dosta nèche.	Ohne Mühe hat man nichts.
Je n'ai jamais entendu cela.	Ia ètova nikokda nè slikal.	Ich habe das nie gehœrt
Je l'ai recommandé à mon domestique.	ïa svôïémou tchèlovèkou prikasal.	Ich habe es meinem Bedienten befohlen.
Je n'ai rien reçu du tout.	Ia ni maléchâvo né polouttchil.	Ich habe gar nichts bekommen.
Cela ne dépend pas de moi.	Éto né f'mòeï vlasti.	Es steht nicht in meiner Macht.
Je l'ai vu très souvent.	Ia ièvo ottchenn mnogo rass videl.	Ich habe ihn sehr oft gesehen.
C'est votre affaire.	Eto vàché dèlo.	Das ist ihre Sache.
J'ai entendu.	Ia slichal.	Ich habe gehœrt.
Il ne s'est pas oublié.	Onn sébé né posabil.	Er hat sich nicht vergessen.
Il n'a rien à faire ici.	Iémou sdèss nikakavo dèla nïétt.	Er hat hier nichts zu thun.
Je l'ai cherché partout.	Ia ièvo iskal vèssdè.	Ich habe ihn überall gesucht.
Je ne l'ai pas fait exprès.	Éto sdèlano nè pomòeï voli.	Das habe nicht mit Fleiss gethan.

Français.	Russe.	Allemand.
Je le savais depuis long-tems.	Ia davno éto zènal.	Ich habe es lange gewusst.
Dieu le veuille!	Daï Bok! (bogue!)	Gebe Gott!
Cela ne va pas.	Éto né vosmogeno.	Das geht nicht an.
Il ne veut pas l'avouer.	Onn né kottchètt prisnâttsa.	Er will es nicht gestehen.
Il vient souvent me voir.	Onn tchasto koditt ko mnè.	Er kommt oft zu mir.
C'est moi qui y perds le plus.	Ia téràïou priétom boleï vsèk.	Ich verliere am meisten dabey.
Je vous écrirai incessamment.	Ia vamm skoro boudou pissâtt.	Ich werde ihnen bald schreiben.
Quel changement!	Kakaïa pèrèmèna!	Welche Verænderung!
Je puis facilement me l'imaginer.	Ia éto mogou sébeï léko predstavitt.	Das kann ich mir leicht vorstellen.
Je ne le sais réellement pas.	Ia iéto né snaïou.	Ich weiss es wirklich nicht.
Cela me cause une grande perte.	Éto délaètt mné bolchoï vrèd.	Das thut mir grossen Schaden.
Attendez un moment ici.	Podogedité né mnogo sdèss.	Warten sie ein wenig hier.
Je ne peux pas éviter, empêcher cela.	Ia étovo nikak né mogou minovâtt.	Ich kann es nicht vermeiden.
Je ne m'en serais jamais douté.	Ia étogo nikokda né ogidal.	Ich hætte mir das nie vermuthet.
Dieu l'a voulu ainsi.	Bok tak oprèdélil.	Gott hat es so gewollt.
Il n'y a pas grande différence.	Rasnitza né vèlika.	Es ist kein grosser Unterschied.
C'est une grande différence.	Rasnitza vèlika.	Das ist ein grosser Unterschied.
Je vous l'ai déjà promis.	Ia vamm ougé obèchettchal.	Ich habe es ihnen schon versprochen.
Je n'y ai rien compris.	Ia nittchèvo ò tomm nè rasoumel.	Ich habe nichts davon verstanden.
C'est différent.	Éto rasnitza.	Das ist ein Unterschied
Je m'en suis déshabitué.	ia ottvik.	Ich habe mir es abgevœhnt.
Je n'ai pas le tems.	Mné né dossouk.	Ich habe keine Zeit.
Cela finit mal.	Ièst koudoï konètz.	Das nimmt ein schlechtes Ende.

Français.	Russe.	Allemand.
Je ne peux pas quitter.	Muè nelsa òtòiti.	Ich kann nicht ab-kommen.
Je ne l'ai pas remar-qué.	Ia étò nè primètil.	Ich habe das nicht bemerkt.
Je l'ai oublié.	Ia éto posabil.	Ich habe es vergessen.
Il ne vaut rien.	Onn nikouda né gó-dittsa.	Er taugt gar nicht.
En tout tems.	Vo v'sakoé vrémía.	Zu ieder Zeit.
A la fin.	Nà konétz.	Am Ende.
Où ce soit.	Kouda niboud.	Wohin es ist.
Cela ne m'inquiète pas.	Éto mné né bespò-koitt.	Das beunrhiget mich nicht.
De suite, aussitôt.	Kak skoro.	Also bald.
Cela peut être.	Bitt pò sémou.	Es kann seyn.
C'est difficile pour moi.	Éto mné troudno.	Das ist schwer für mich.
En ce qui me concer-ne; quant-à-moi.	Tchto do mèné kas-saëttsa.	Was mich anlangt.
Je ne sais pas ce qui lui manque.	Ia né snàïou tchto ié-mou v'sdoumalòss.	Ich weiss nicht was ihm fehlt.
N'en parlez pas.	Moltchité ò tomm.	Schweigen sie davon.
C'est trop fort; c'en est trop; c'est vexant	Éto slichekomm.	Das ist zu arg.
Qu'il soit où il vou-dra.	Guedé bi onn ni bil.	Er mag seyn wo er vill
D'un autre côté.	Potou storonou.	Auf der andern Seite.
Cela ne dit rien; n'importe.	Éto nittchévo ne snàt-chitt.	Das hat nichts zu be-deuten.
Maintenant je com-prends.	Téper ponimaïou.	Ietzt verstehe ich.
Je suis de garde au-jourd'hui.	Ia sèvodni boudou V'kàraoulé.	Ich ziehe heute auf die Wache.
Le tems est passé.	Vrémè pèrèchelò.	Die Zeit ist vorbey.
La chandelle va s'é-teindre.	Svèttcha touchittsa.	Das Licht geht aus.
On ne peut y tenir.	Éto né snosno.	Es ist nicht auszustehen
Y a-t-il chez vous.	Ièss li ouvass?	Ist es bey ihnen?
Je n'en ai pas peur.	Ia étavo né bòïouss.	Ich fürchte mich nicht davor.
Quel est votre nom de famille?	Kak vacha familia?	Wie ist ihr Familien Nahme? E

Français.	*Russe.*	*Allemand.*
Voulez - vous fumer une pipe?	Ougodno li vam troub-kou Tobakou?	Wollen sie eine Pfeife rauchen?
Merci , je ne fume pas.	Blagodarou , ia né Kourou.	Dank , ich rauche nicht.
Pas encore.	Niett ïèchecho.	Noch nicht.
Depuis long-tems.	Davno ougé.	Schon lange ?
C'est vrai.	ïétto pravda.	Das ist wahr.
Cela n'est pas vrai.	ïétto né pravda.	Das ist nicht wahr.

DICTIONNAIRE

FRANÇAIS-RUSSE-ALLEMAND

A

Français.	Russe.	Allemand.
A	Dò ; Nà	Zu.
Abattu	Slab	Schwach.
A b c	Azbouka	A b c.
Abeille	Pettchéla	Biene.
Aboyer	Laïtt	Bellen.
Abreuvoir	Vodopoï	Trænke.
Abricot	Aprikoss	Aprikose.
Accompagner	Provojâtt	Begleiten.
Accouchement	Rodiné	Niederkunft.
Accoucher	Roditt	Niederkommen.
Accuser	Obvinâtt	Anklagen.
Acheter	Koupitt	Kaufen.
Achever	Okanntchivâtt	Endigen.
Acier	Stâl	Stahl.
Activité	Prilégenost	Fleiss.
Addition	Pribafka	Zugabe.
Adieu	Prottcheïte	Leben sie wohl.
Administrateur	Oupravitel	Verwalter.
Adresse (d'une lettre)	Nadpiss	Aufschrift.
Affront	Stîd	Schande.
Age	Starost	Alter.
Agé	Stâri	Alt.
Agneau	Aguenètze	Lamm.

Nota. En Russe, *le*, *la* ne s'expriment point : c'est-à-dire qu'on ne dit pas *le* cheval, *la* table, etc. on dit simplement cheval, table, etc.

Mais en Allemand, on exprime ces articles : *le* se rend par *der* ou *das*, *la* se rend par *die*, que l'on prononce *di*.

Voyez, à cet égard, le recueil pages 1 et 4.

Français.	Russe.	Allemand.
Agréable,	Priâttni	Angenehm.
Ah	Ouvi	Ach!
Aide	Pomottche	Hülfe.
Aigle	Orel	Adler.
Aigre	Kisli ; Vostri	Sauer.
Aiguille	Igla ; Igolka	Nadel.
Ail	Tchesnok	Knoblauch.
Aile	Krilo	Flügel.
Aimable	Loubezni	Lieblich.
Aimer	Loubitt	Lieben.
Ainsi	Tak	Also.
Air (de l'atmosphère)	Vozdouk	Luft.
Airain	Roudà	Erz.
Alène	Sapogenoé Chilo	Ahle.
Allemagne	Nèmetzia	Deutschland.
Allemand	Nèmetzki	Deutsch.
Allemand (un)	Nèmetz	Deutscher.
Aller	Ititt ; Pòititt	Gehen.
Aller à cheval	ïésditi verkom	Reiten.
Aller au devant	Itti vestrèchâtt	Entgegen gèhen.
Aller en voiture	ïékâtt	Fahren.
Allez-vous-en	Pòdi prottche ; Vonn	Geh fort ; Fort.
Allouette	Javoronok	Lerche.
Allumer	Zajettche	Anzünden.
Allumette	Spittcheka	Schwefelhœlzchen.
Almanach	Kalenndar	Kalender.
Alors	To	Damals.
Alun	Kevastsi	Alaun.
Amande	Minndal	Mandel.
Amadou	Tròutt	Schwamm ; Zunder.
Amant	Loubovnik	Liebhaber ; Schatz.
Amante	Loubovnitza	Liebhaberinn ; Schatz.
Ambassadeur	Poslannik ; Possol	Gesandter.
Ambition	Tchèstòloubié	Ehrgeiz.
Ame	Douchâ	Seele.
Amer	Gorki	Bitter.
Ami	Drougue ; Priatel	Freund.
Amitié	Drougeba	Freundschaft.
A moi	Mnïé	Mir ; Zu mir.
Amour	Loubov	Liebe.

Français.	Russe.	Allemand.
Amouracher (s')	Vloublåttsa	Sich verlieben.
Amoureux	Vloublenni	Verliebt.
An ; Année	God	Jahr.
Ancre	ïakor	Anker.
Ane	Ossel	Esel.
Ange.	Anngiel	Engel.
Anglais (un)	Aglittchaninn	Englænder.
Angle	Ougol	Winkel.
Angleterre	Anuglia	England.
Anguille	Ougor	Aal.
Animal	Skotina	Thier; Vieh.
Anis	Aniss	Anis.
Anneau	Koltso	Ring.
Antiquité	Drevnost	Alterthum.
A peu-près	Okolo	Ungefæhr.
Apothicaire	Aptékar	Apotheker.
Appartenir	Prinadlèjått	Gehœren.
Appel	Sbor; Péréklittcheka	Appell.
Appeler	Klikått; Nassivått	Rufen;heissen;nennen.
Appercevoir	Primettchått	Bemerken.
Apporter	Prinesti	Bringen.
Apprendre	Outtchitt	Lernen.
Apprêter	Prigotovitt	Zubereiten.
Après	Poslé	Nach; Hernach.
Après-demain	Poslé zaftra	Uebermorgen.
A présent	Téper	Jetzt.
Après midi	Pervomm	Nachmittag.
Araignée	Paouk	Spinne.
Arbre	Dèrèvo	Baum.
Arc-en-ciel	Radouga	Regenbogen.
Ardoise	Aspidnoï kamenn	Schiefer.
Argent (métal)	Sérébro	Silber.
Argent (monnoie)	Denngui	Geld.
Argent comptant	Nalittchenié denngui	Baar Geld.
Arme	Rougié	Gewehr.
Armée	Voïsko	Armee.
Armoire	Chekaf	Schrank.
Armurier	Ourougéni master	Büchsemacher.
Arpenteur	Tzémmlémer	Landmesser.
Arrêt	Karaoul-arrest	Arrest.

Français.	Russe.	Allemand.
Arriver	Priékått	Ankommen.
Art	Koudogestvo	Kunst.
Artichaut	Artichoka	Artischoke.
Article	Stati	Artikel.
As	Touze	Ass.
Asperge	Sparjà	Spargel.
Assaut	Pristoupe	Sturm.
Asseoir (s')	Saditt; Possaditt	Sich setzen.
Assemblée	Artel	Gesellschaft.
Assez	Dòvolno	Genug.
Assiéger	Ossaditt	Belagern.
Assiette	Tarelka	Teller.
Atout de cartes	Kozir	Trumpf.
Attacher	Vèzått	Binden.
Atteler	Zaprégått; Salogitt	Anspannen.
Attendez	Podogedité	Warten sie.
Attendre	Ogidàtt	Warten.
Auberge	Traktir	Wirthshaus.
Aubergiste	Traktirtchik	Wirth; Gastwirth.
Au contraire	Nà protif tovo	Im gegentheil.
Aucun	Nikakoï	Niemand.
Aucunement	Nikak niétt	Gar nicht.
Auge	Korito	Trog.
Aujourd'hui	Sèvodnïa	Heute.
Au lieu de	Mesto	Anstatt.
Au moins	Pòkranieï miéri	Wenigstens.
Aumóne	Milostina	Almosen.
Aumónier	Polkovoï svèche-tchennik	Feldvater.
Auprès	Blisko; Bliz	Nahe.
Au reste	Prottchemm	Uebrigens.
Autant	Stol	So viel.
Auteur	Sottchinitel	Verfasser.
Automne	Ossenn	Herbst.
Autorité	Oblast; Vladénié	Gebieth; Gewalt.
Autre (l')	Drougoï	Anderer.
Autrefois	Inako; Prègedé	Vormals; Vorher.
Autriche	Avstria	OEsterreich.
Autrichien	Avstriétz	OEsterreicher.
Avaler	Glotått	Schlucken.

Français.	Russe.	Allemand.
Avant	Prégedé	Vor.
Avant (en)	Vépérédé	Vorwærts.
Avant-hier	Trétiévo dnïé	Vorgestern.
Avare	Skoupoï	Geizig.
Avarice	Skoupost	Geiz.
Avec	S ou Éss	Mit.
Avec intention	Narottcheno	Mit Fleiss.
Aveugle	Slèpi	Blind.
Aveugle (un)	Slépoï	Blinder.
Avocat	Strapptcheï	Adwokat.
Avoine	Ovioss	Hafer.
Avoir	Imèct	Haben.
Avouer	Pritznavâttsa	Gestehen.

B

Badinage	Chouttka	Scherz ; Spass.
Badiner	Choutitt ; chalitt.	Scherzen.
Bagage	Oboss	Bagage ; Gepæck.
Bagatelle	Betzdelnitsa	Kleinigkeit.
Bague	Perstenn	Ring.
Baguette	Proûtt	Ruthe.
Baguette de fusil	Chommpol	Ladestock.
Baigner (se)	Koupâttsa	Baden.
Baignoire	Banna	Badewanne.
Bain (salle de)	Bânïé	Badestube.
Baiser (un)	Pottzéloûi	Kuss.
Balai	Mettla ; Vénik	Besen.
Balance	Véssi	Wage.
Balancer (se)	Kattchâtt	Schaukeln.
Balayer	Vimesti	Kehren.
Baleine	Kitt	Wallfisch.
Balle	Poulé ; Châar	Kugel.
Ballot	Kipa	Pack.
Banc	Skamïa	Bank.
Bande de roue	China	Radschiene.
Baptême	Kréchechénié	Taufe.
Baptiser	Krestitt	Taufen.
Barbe	Bòròda	Bart.
Barbier	Tziroulnik	Barbier.

Français.	*Russe.*	*Allemand.*
Barque	Barka	Barke.
Bas (des)	Tchoulki	Strumpf; Strümpfe;
Bas (en)	Véniss ; Nisou	Herunter.
Bassinet	Polka	Zündpfanne.
Bataille	Stragènié	Schlacht.
Batelier	Grèbèdz	Schiffmann.
Bâtiment	Dôme	Gebæude.
Bâtir	Stroitt	Bauen.
Bâton	Palka ; Doubina	Stock.
Bâton (coup de)	Palkami	Prügel.
Batterie	Battéréa	Batterie.
Battre	Bitt ; Oudaritt	Schlagen.
Bavard	Boltounn	Schwætzer.
Bayonnette	Chetik	Bayonnett.
Beau	Prèkrasni	Schœn ; Hübsch.
Beaucoup	Muogo	Viel.
Beau-fils	Zètt	Schwiegersohn.
Beau-frère	Chourinn	Schwager.
Beau-père	Tèst	Schwiegervater.
Bécasse	Békass	Schnepfe.
Belle-fille	Snoka	Schwiegertochter
Belle fille (une)	Krassavitza	Ein schœnes Mædchen
Belle-mère	Mattchika	Schwiegermutter
Béquille	Kostil	Krücke.
Berceau	Kolibel	Wiege.
Berger	Pastouk	Hirt ; Schæfer.
Besoin	Bèda ; Nougeda	Noth.
Bétail	Skott	Vieh ; Rindvieh.
Bète	Skotina	Thier.
Bette-rave	Svekla	Rothe Rübe.
Beurre	Maslo (karovié)	Butter.
Bien	Karachò ; Dobré	Wohl.
Bien-portant	Sdarov	Gesünd.
Bienséance	Prèstòinost	Wohlanstændigkeit.
Bientôt	Skoriè ; kak-skoro	Bald.
Bière	Pivo	Bier.
Bile	Geltche	Galle.
Billet	Billett ; Pismetzo	Billet ; Zettel.
Billet de banque	Assignàtsïa ; Veksel	Banknote.
Biscuit	Soukar	Zwieback.

Français.	Russe.	Allemand.
Blaireau	Barsouk	Dachs.
Blanc	Béli	Weiss.
Blanc (dn)	Mel	Weiss.
Blanchisseuse	Prattcheka	Wæscherinn.
Blé	Pechénitza	Weitzen; Korn.
Blessure	Rana	Wunde.
Bleu de ciel	Goloubéïa kraska	Hell blau.
Bleu foncé	Sini	Dunkel blau.
Bœuf	Vol	Ochs.
Boire	Pitt; Vipitt	Trinken.
Bois (du)	Drova	Holz.
Bois (forêt)	Less	Wald.
Bois de lit	Krovatt	Bettlade.
Boisson	Napitok	Getrænke.
Boite	Karobka	Schachtel
Boiter	Kramâtt	Hinken.
Boiteux	Krômoï	Krumm.
Bombe	Bommba	Bombe.
Bon	Karacho	Gut.
Bonjour	Sdrastvouité	Guten Morgen; Guten Tag.
Bon garçon	Molodïetz	Ein guter Mensch.
Bonheur	Chastié	Glück.
Bonnet	Tcheptchik	Kappe; Haube.
Bonnet de nuit	Chapka ; Kolbak	Schlafkappe.
Bonté	Milosi; Dobrota	Güte.
Bord	Berek	Ufer.
Bosse	Chicheka	Beule.
Botte	Sapogui	Stiefel.
Bouc	Kossel	Bock.
Bouche	Rott	Mund.
Bouché	Toupi	Verstopft.
Bouchon	Propka	Stœpfel.
Boucher (un)	Mesnik	Metzger.
Boucle	Pracheka	Schnalle.
Boucle d'oreilles	Serga	Ohrring.
Boudin	Kolbassa	Blutwurst.
Boue	Grèze	Koth ; Dreck.
Bouilli (du)	Govèdina	Rindfleisch.
Bouillon	Soupp	Fleischbrühe.

F

Français.	*Russe.*	*Allemand.*
Boulanger	Klebnik	Becker
Bouleau	Bèréza	Birke.
Boulet	Yadro	Kugel.
Bouillie	Kacha	Mehlbrey.
Bouillir	Kipitt ; Varitt	Kochen.
Bourbier	Boloto	Pfütze ; Sumpf.
Bourse	Kochelok	Beutel.
Bouteille	Boutilka	Bouteille ; Flasche.
Boutique	Lafka	Laden.
Boutou	Pougovitza	Knopf.
Branche	Souk	Ast.
Bras	Rouka	Arm.
Brasseur	Pivovar	Bierbrauer.
Brave	Krabri	Tapfer.
Brave (un)	Krabretz	Ein tapferer Mann.
Bravoure	Krabrost	Tapferkeit.
Brebis	Ovtsa	Schaf.
Bref	Krattki	Kurz.
Bretelles.	Pottiacheki	Hosenträger.
Bride	Povod	Zaum ; Zügel.
Brigand	Razbòinik	Spitzbube.
Brique	Kirpittche	Backstein.
Briquet	Ognivo	Feuerstahl.
Brochet	Chouka	Hecht.
Brodeuse	Tzolotocheveïka	Stickerinn.
Brosse	Chottka	Bürste.
Brouette	Télégeka	Schubkarren.
Brouillard	Toumann	Nebel.
Brûlant	Jarki	Heiss.
Brûler	Sagigâtt	Brennen.
Buffle	Bòuivol	Büffel ; Auerochs.
Buisson	Kust	Busch.
Bureau	Biouro	Büreau ; Schreibstube.
Busc	Kotovòi ouss	Fischbein.
Buvez	Pité	Trinken sie.

C

Cabane	Châla	Hütte.
Cabaret	Kabak ; Korttchema	Schenke.

Français.	Russe.	Allemand.
Cacher	Pratått	Verbergen.
Cachet	Pettchàtt	Petschaft; Siegel.
Cacheter	Sapettchatàtt	Siegeln; Petschieren
Café	Kofé	Kaffee.
Café (maison de)	Koféni-Dôm	Kaffeehaus.
Cafetière	Kofféinik	Kaffeekanne.
Cage	Klettka	Kæfich; Vogelkorb.
Caille	Pèrépel	Wachtel.
Calèche	Kaleska	Kalesche.
Camarade	Tavariche	Kamarad.
Cambouis	Gir; Salo; Dégott	Wagenschmiere.
Camisolle	Kammzol	Jacke.
Camp	Polé ; Laïer	Lager.
Campagne militaire	Campània	Campagne; Feldzug.
Canard	Outtka	Ente.
Canelle	Koritza	Kaneel; Zimmt.
Canif	Pèrottchinnoï-Nògik	Federmesser.
Canne (bâton)	Palka	Stock.
Canon	Poucheka; Oroudié	Kanone.
Canon de fusil	Stévol	Flintenlauf; Rohr.
Canonier	Kanonièr	Kanonier.
Capitaine	Capitànn.	Hauptmann.
Capitale (ville)	Stolitza	Hauptstadt.
Caporal	Kapral	Corporal.
Capotte.	Sertouk	Ueberrock.
Carabine	Vinntofka	Büchse.
Carême	Post	Fasten.
Caresser	Laskått	Liebkosen.
Carnaval	Maslinitza	Fastnacht.
Carotte	Markov	Roth wurzel.
Carreaux de cartes.	Boubnì	Eckstein.
Carrosse	Karéta	Kutsche.
Cartes à jouer	Karta	Karten.
Carte géographique	Landekarta	Landkarte.
Cartes (jeu de)	Koloda; Igra kartt	Kartenspiel.
Carton	Kléonnka	Pappendeckel.
Cartouche	Patrône	Patrone.
Cascade	Vodopad	Wasserfall.
Casque	Kiver ; Hèlemm	Helm.
Casser	Lomâtt; Ratzbitt	Brechen.

Français.	Russe.	Allemand.
Casserolle	Kastroulka	Casserolle.
Cause (la)	Prittchina	Ursache.
Caution	Porouka	Bürge.
Cavalerie	Konnitza	Cawallerie ; Reiterey.
Cave	Pogréb	Keller.
Caverne	Pèchetchéra	Hœhle.
Ceinture	Kouchak	Gürtel.
Cela	Tchto	Das.
Cendres	Pépéli	Aschen.
Céleri	Seldèréa	Sellerie.
Cercle	Obrouttche	Reif ; Zirkel.
Cercueil	Grob	Sarg.
Cerf	Olènu	Hirsch.
Cerfeuil	Kervel	Kerbel.
Cerises	Vicheni	Kirschen.
Certain	Verno	Gewiss.
Céruse	Bèlilo	Bleyweiss.
Cerveau	Mozgue	Gehirn.
Cesser	Pérestâtt	Aufhœren.
Chacun	F'siakoï	Jeder.
Chagrin	Dossada	Verdruss.
Chaîne	Tsèp	Kette.
Chaîne de montre	Tsèpocheka	Uhrkette.
Chaise	Stoul	Stuhl.
Chaise percée	Soudno	Nachtstuhl.
Chaleur	Jar	Hitze.
Chambre	Gornitza ; Komnata	Zimmer ; Kammer ; Stube.
Chameau	Verbloud	Kameel.
Champ	Polé	Feld.
Champ de bataille	Bòévòé polé	Schlachtfeld.
Champignon	Grib	Pilz ; Erdschwamm.
Chandelier	Podsvettchenik	Leuchter.
Chandelle	Svettcha	Licht ; Kerze.
Changer (troquer)	Menâtt	Tauschen.
Changer de l'argent	Menâtt denngui	Wechseln.
Chanson	Pèssena	Lied.
Chant	Pènié	Melodie ; Gesang.
Chanter	Pètt	Singen.
Chanvre	Kanoplé	Hanf.

Français.	Russe.	Allemand.
Chapeau	Chélapa	Hut.
Chapelier	Chélapnik	Hutmacker.
Chapon	Kaploum	Kapaun.
Char	Téléga	Wagen.
Charbon	Ougol	Kohle
Chardonneret	Chéglénok	Distelfink.
Charger une arme	Zaraditt	Laden.
Charpentier	Plottnik	Zimmermann.
Charrette	Téléga	Kleiner Wagen.
Charron	Kolesnik	Wagner.
Charrue	Plouk	Pflug.
Chasse	Okota	Jagd.
Chasser	Progonátt	Jagen.
Chasseur	Okottnik	Jæger.
Chasseur (soldat)	Iéker	Jæger.
Chat	Kocheka	Katze.
Château	Zamok	Schloss.
Chaud	Tépli	Heiss ; Warm.
Chaudron	Kotel	Kessel.
Chaudronnier	Mednik	Kupferschmied.
Chauffer (se)	Pogrettsa	Sich wærmen.
Chaumière	Zemmlennka	Hütte.
Chaux	Isvest	Kalk.
Chemin	Doroga	Weg.
Cheminée	Trouba	Schornstein ; Kamia
Chemise	Roubacheka	Hemd.
Chêne	Doub	Eiche.
Cher	Dorogo	Theuer.
Cher (mon)	Dorogoï	Mein lieber.
Chercher	Iskátt	Suchen.
Cheval	Lochad	Pferd.
Cheval entier	Gérébetz	Hengst.
Chevalier	Kavaler	Ritter.
Cheveu	Voloss	Haar.
Chèvre	Koza	Ziege.
Chevreuil	Sarna	Reh.
Chevrotine	Drob	Schrot.
Chien	Sobaka	Hund.
Chien de fusil	Sabattcheka	Habn der Flinten.
Chirurgien	Lékar	Feldscherer.

Français.	Russe.	Allemand.
Chocolat	Chokolatt	Schokolate.
Chouette	Sova	Eule.
Chou	Kapousta	Kohl.
Chou-croûte	Kislaïa Kapousta	Sauerkraut
Choux-fleurs	Tzvettnaïa Kapousta	Blumenkohl.
Choux-raves	Broukva	Kohlrabi.
Chrétien	Kristianinn	Christ
Cicatrice	Roubetz	Narbe.
Cidre	Iablotchenik	Trank ; Apfelwein.
Ciel	Nébo	Himmel
Cigogne	Aïst	Storch.
Cimetière	Kladbicheché	Kirchhof.
Circuit	Okrougenost	Bezirk.
Cire	Vosk	Wachs.
Cire-à-cacheter	Sourgouttche	Siegellack.
Cirer	Navochechitt	Wichsen.
Ciseau (un)	Doloto	Meissel
Ciseaux (des)	Nogénitzi	Sheere ; Scheermesser.
Citron	Limone	Citrone.
Citrouille	Tikva	Kürbis.
Clair	Svettli	Hell.
Clarté	Svett	Licht.
Clavecin	Klavikordi	Klavier.
Clef	Klouttche	Schlüssel.
Cloche	Kolokol	Glocke.
Clocher (un)	Kolokolna	Glockenthurm.
Clou	Guévosd.	Nagel.
Clou de girofle	Guévodzdika	Cewürznægelchen.
Cloutier	Guévosdénik	Nagelschmied.
Cocher	Kouttcher	Kutscher.
Cochon	Svinïa	Schwein.
Cochon de lait	Porossénok	Ferkel.
Cœur (le)	Serdze	Herz.
Cœur de cartes	Tchérivi	Herz.
Cœur (par)	Snaroujon	Auswendig.
Coffre	Sounndou	Koffer ; Kasten.
Coin	Ougol	Ecke.
Coing	Aïva	Quitte.
Colère	Guénéf	Zorn.
Colle	Kleï	Leim.

Français.	Russe.	Allemand.
Collet	Vorottnik	Kragen.
Collier de cheval	Komoûtt	Kummet
Colline	Bougor	Hügel.
Colonel	Polkovnik	Obrist; Oberste.
Colonel (lieutenant)	Podpolkovnik	Oberstleutnant.
Colonne	Stolp	Säule.
Combat	Stragénié	Schlacht; Treffen
Combien	Mnogo li; Skolko	Wie viel.
Commandement	Prikaz	Befehl.
Commander	Prikazâtt	Befchlen.
Comme cela	Tak i sak; tottchno tak	So.
Commencement	Nattchalo	Anfang.
Commencer	Nattchinâtt.	Anfangen.
Comment	Kak	Wie
Comment cela	Skol.	Wie so.
Commerce	Torgovla	Handel.
Commissaire	Kommissarskoï	Kommissær.
Commode	Spossobni.	Gemæchlich.
Commode (la)	Komode	Kommode.
Commodités (latrines)	Nougenik	Abtritt; Profett.
Commun	Prosti	Gemein.
Compagnie	Artel; Obchestvo	Gesellschaft.
Compagnie de soldats	Rota.	Kompanie.
Compagnon	Podmastérié	Gesell.
Compatriote	Zemnlak	Landsmann.
Complaisant	Milostivi	Gefællig.
Compliment	Privétsvovanié	Kompliment.
Comprendre	Razoumitt	Verstehen.
Compte	Chott	Rechnung.
Compter	Chitâtt	Zæhlen; Rechnen
Comte	Graf	Graff.
Comtesse	Grêfinn.	Græffinn.
Concombre	Ogourètz	Gurke; Kukummer.
Condamner	Ossougedâtt	Verurtheilen.
Conduire	Voditt	Führen.
Conduire une voiture	Iékâtt	Fahren.
Conférence	Dogovor	Unterredung.
Confession	Ispoved	Beichte.
Confitures	Konnfekti	Konfekt.
Connoissance	Znakomstvo	Bekanntschaft.

Français.	Russe.	Allemand.
Connoisseur	Znatok	Kenner.
Connoître	Snått	Kennen.
Conquérant	Savòïévatel	Eroberer.
Conscience	Sovest	Gewissen.
Conseil	Sovett	Rath.
Consomption	Tchakottka	Auszehrung.
Content	Råd	Zufrieden.
Contre	Protif	Wider.
Convient (il)	Dolgeni	Es gebührt sich.
Convive	Gost	Gast.
Convoi	Privoz	Zufuhr.
Copier	Prisvått	Abschreiben.
Coq	Petouk	Hahn.
Coquille	Rakovina	Muschel.
Corbeau	Voronn	Rabe.
Corde	Kanått; Vérofka	Seil; Strick.
Cordier	Vérovottchik	Seiler.
Cordon	Lennta; Snour	Band; Schnur.
Cordonnier	Bachemachenik; Sapogenik	Schuhmacher.
Corinthe (raisin de)	Izoumm	Rosine.
Corne	Rogne; Rok	Horn.
Corne du pied d'un cheval	Kopito	Huf.
Corneille	Vorona	Kræhe.
Cornichon	Solennié Ogourtzi	Essiggurken.
Corps	Télo	Kœrper; Leib.
Corps-de-garde	Karàoulna	Wache; Hauptwache.
Cors aux pieds	Mossol	Hühneraugen.
Corset	Korsett	Wæmmschen.
Cosaques (chef de)	Hettmann	Hettmann.
Cosaques (sous chef de)	Iéssàoul	Unterataman.
Côté (le)	Bok; Storona	Seite.
Côté (à)	Prì	Neben.
Cotelette	Kottlett	Kotelette.
Coton	Kloptchatàïa boumaga	Baumwolle.
Cou	Chéïa	Hals.
Couchant (le)	Zapada	Abend; West.
Coucher	Spått	Schlafen.
Coucou	Kokoucheka	Kukuk.

Français.	Russe.	Allemand.
Coude	Lokott	Ellenbogen.
Coudre	Chitt	Næhen.
Couleur	Kraska	Farbe.
Couleuvre	Zméïa	Schlange.
Coup de fusil	Strélanié	Schuss.
Coup (tape)	Oudar	Schlag.
Coup (tout d'un)	Vnétzapno ; Vedrouk	Auf ein mal.
Coupant	Ostri	Scharf.
Couper	Rézâtt	Schneiden.
Couperet	Noge	Hackmesser.
Cour	Dvor	Hof.
Courage	Bodrost	Muth.
Courageux	Bodri	Muthig.
Courbe	Krivi	Krumm.
Courir	Bègâtt	Laufen.
Couronne	Karona	Krone.
Courrier	Kouriér	Kurier.
Courroie	Rémenn	Riemen.
Court	Korottki	Kurz.
Cousin	Dvòïourodni brâtt	Vetter.
Coussin	Podoucheka	Kissen.
Couteau	Nògik	Messer.
Coûter	Stòitt	Kosten.
Couture	Chof	Nath.
Couturière	Chvéa	Næherinn.
Couvent	Monastir	Kloster.
Couvercle	Odéïalo	Deckel.
Couvert (le)	Pribor	Gedeck.
Couverture	Odëïalo	Decke.
Couvrir	Pokrivâtt	Decken.
Cracher	Plévâtt	Speyen.
Crachoir	Plovalnik	Spucknäpf.
Craie	Mel	Kreide.
Craindre	Bòïâttsa	Fürchten.
Crains (je)	Ia bòïouss	Ich fürchte.
Craintif	Bòïaslivi	Furchtsam.
Crampe	Souderga	Krampf.
Crapaud	Jaba	Krœte.
Cravache	Klistik	Spitzdroht.
Cravate	Galstouk	Halstuch.

G

Français.	Russe.	Allemand.
Crayon	Karanndache	Bleystift.
Crayon rouge	Vap	Rothstein.
Crédit	Zàiem	Borgen.
Créme	Slifki	Rahm.
Creuser	Kopâtt	Graben.
Creux	Porogeni	Hohl.
Cri	Krik	Geschrei.
Crible	Sitto	Sieb.
Crier	Krittchâtt	Schreyen.
Crochets de bottes	Krouttcheki	Stiefelzieher.
Croire	Doumâtt	Glauben.
Croître	Rasti	Wachsen.
Croix	Krest	Kreuz.
Crosse de fusil	Priklad	Kolbe an der Flinten.
Crotte	Griaz	Koth; Dreck.
Croûte du pain	Korka	Brodkruste.
Croyance	Véra	Glaube.
Cruche	Krougeka	Krug.
Cuiller	Logeka	Lœffel.
Cuir	Koja	Leder.
Cuirasse	Lâti	Kürass.
Cuire	Varitt	Kochen; Backen.
Cuisine	Kouknïa	Küche.
Cuisinier	Povar	Koch.
Cuisinière	Koukarka	Kœchinn.
Cuisse	Bédra	Schenkel.
Cuivre	Méd	Kupfer.
Culottes	Chetani	Hosen.
Cultivateur	Zemmlódélitz	Landmann.
Curé	Svéchechennik	Pfarrer; Pastor.
Curiosité	Loubopitsvo	Neugier.
Coquin	Bedzdelnik	Spitzbube.
Corriger	Popravîtt	Verbessern.
Cueillir	Sobirâtt	Abbrechen.
Cuveau; Baquet	Kadka	Bütte.
Cygne	Lébêd	Schwan.

Français.	Russe.	Allemand.
D'abord	V'nattchalé	Erst.
Dame (une)	Gospoja	Eine Dame.
Dame de cartes	Krala	Dame (karten).
Danger	Opasnost	Gefahr.
Dangereux	Opasno	Gefæhrlich.
Dans	Vi	In.
Danse	Plaska	Tanz.
Danser	Plasâtt	Tanzen.
Date	Chislo	Datum.
Dé à coudre	Naperstok	Fingerhut.
Dé à jouer	Chaki	Würfel.
Décharge d'arme	Vistrel	Schuss.
Défendre	Zapréchâtt	Verbiethen ; Vertheidigen.
Défense	Zaprétt	Verboth.
Défilé	Ovrak	Engpass.
Déjà	Ougé	Schon.
Dehors	Snarougi	Heraus.
Déjeuner	Zaftrakâtt	Frühstücken.
Déjeuner (le)	Zaftrik	Frühstück.
Délai	Srok	Frist.
Délier	Ottvasivâtt	Losbinden.
De loin	Isdal	Von ferne.
Déluge	Potop	Sündfluth.
Demain	Zaftra	Morgen.
Demain (après)	Poslé Zaftra	Uebermorgen.
Demande	Vopross	Frage.
Demander	Sprossitt	Fragen.
Demeurer	Gitt	Wohnen.
Demi	Polovina	Halb.
Demi-heure	Poltchassa	Halbstunde.
Demoiselle	Dèvidza	Jungfer ; Frauenzimmer.
Dénomination	Nasvanié	Benennung.
Dent	Zoub	Zahn.
Dent (mal de)	Zoubnaïa bol	Zahnweh.
Départ	Ottiézed	Abreise.
Dépêcher (se)	Toropittsa ; Spèchitt.	Eilen ; Tummeln.
Dépit	Dossada	Unwille.
Dépôt	Kladovàïa	Niederlage.

Français.	Russe.	Allemand.
Depuis	Ottouda	Seit.
Dernier	Posledni	Letzt.
Derrière	Nazad	Hinten.
Derrière (le)	Jôpa	Arsch.
Descendre	Skoditt	Heruntergehen.
Désert	Pousti.	Wüste.
Desirer	Gélâtt	Wünschen.
Dessert	Zakouska	Nachtisch.
De suite	Tottchass; Seïtchass	Gleich; Sogleich.
Dessein (à)	Narottcheno	Mit Fleiss.
Dessin	Rissounok	Zeichnung.
Dessiner	Rissovâtt	Zeichnen.
Détachement	Otrèd	Detaschement.
Deviner	Dogodâttsa	Rathen; Errathen.
Devoir	Dolgenstvovâtt	Müssen; Sollen.
Devoir (le)	Dolgenost	Pflicht; Schuldigkeit.
Diable (le)	Diavol; Tchortt	Teufel.
Diamant	Almaz	Diamant.
Diarrhée	Pònoss	Durchlauf.
D'ici	Otsiouda	Von hier.
Dictionnaire	Lèxikonn	Wœrterbuch.
Dieu	Bok	Gott.
Digue	Dostôini	Würdig.
Digue	Plotina	Damm.
Différence	Raznitza	Unterschied.
Difficile	Tégéli; Troudni	Schwer.
Digestion	Varénié géloudka	Verdauung.
Diligence (voiture)	Pottcheta	Postwagen.
Diligent	Prilègeni	Fleissig.
Dindon	Indeski Pétouk	Wælscherhahn.
Dîner	Obèdàtt	Zu Mittag essen.
Dîner (le)	Obed	Mittagessen.
Dire	Skazàtt	Sagen.
Diriger	Pravitt	Lenken.
Discours	Razgovor	Rede; Gespræch.
Dispute	Spor	Streit.
Disputer	Sporitt	Streiten.
Distingué	Znattni	Vornehm.
Divertir (se)	Zaboblâttsa	Sich lustig machen.
Divorce	Razvod	Ehescheidung.

Français.	Russe.	Allemand.
Doigt	Paletz	Finger.
Domestique	Slouga	Bedienter ; Knecht.
Dominer	Vladitt	Herrschen.
Dommage (le)	Vréd	Schaden.
Dommage (c'est)	Kakjalko.	Es ist Schade.
Donner	Dâtt ; Davâtt	Geben.
Donner à manger aux chevaux	Kormitt	Die Pferde füttern.
Dormir	Spâtt	Schlafen.
Dos	Spina	Rücken.
Doublure	Podkladka	Futter.
Doucement	Tichl	Langsam.
Douceur	Sladkost	Sauftmuth.
Douleur	Bol	Schmerz.
Doux	Sladki	Süss ; Sauft.
Dragon	Dragounn	Dragoner.
Drap	Soukno	Tuch.
Drapeau	Znamè	Fahne.
Drap de lit	Prostina	Bettuch.
Droit (le)	Pravo	Recht.
Droit (direct)	Prami	Gerade.
Droit (être)	Prami stòitt	Stehen.
Droite (à)	Nà pravo	Rechts.
Drôle (un)	Bourlak	Kerl.
Ducat	Tchervonitz	Dukat.
Duel	Pòïédinok	Duell ; Zweykampf.
Dur	Krepki	Hart.
Dureté	Krépost	Hærte.

E

Eau	Voda	Wasser.
Eau-de-vie	Vodka	Brandwein ; Schnaps.
Échalote	Tchesnok	Knoblauch.
Échelle	Lesnitza	Leiter.
Éclair	Molnïa	Blitz.
Éclairer	Svétitt	Leuchten.
École	Chekola	Schule.
Écorce	Korka	Rinde.
Écorcheur	Givodar	Abdecker ; Schinder.

Français.	Russe.	Allemand.
Écouter	Slouchâtt	Hœren.
Écrevisse	Rak	Krebs.
Écrire	Pissâtt	Schreiben.
Écritoire	Tchernilitza	Dintefass.
Écrivain	Pissar	Schreiber.
Écuelle	Bloudo	Napf.
Écurer	Vipoloskâtt	Scheuern.
Écureuil	Belka	Eichhœrnchen.
Écurie	Konouchena	Stall.
Éducation	Vospitanié	Erziehung.
Égal	Rovni	Gleich.
Égalité	Rovnost	Gleichheit.
Église	Tzerkof	Kirche.
Égout	Galka	Dohle.
Éléphant	Slonn	Eléphant.
Embrasser	Tzélovâtt; Obnimâtt	Küssen; Umarmen.
Émigré	Emigranut	Emigrant.
Empereur	Impérator; Tsaar	Kaiser.
Empire	Gossoudarstvo	Kaiserreich.
Emplâtre	Plastir	Pflaster.
Emplette	Zakouppka	Einkauf.
Empressement	Skorost	Eile.
En	Ieto	Davon.
En-arrière	Nazad	Zurück.
Enceinte (circuit)	Okrougenost	Bezirk.
Enceinte (grosse)	Broukataïa	Schwanger.
Encre	Tchernila	Dinte.
Encore	Iéchetcho	Noch.
Enclume	Nakovalna	Ambos.
En dedans	V'noutri	Inwendig.
Enfant	Rébénok; Dètia	Kind.
Enfer	Ad	Hœlle.
Enfin	Nà konétz	Endlich.
En moi-méme	Mislenno	Bei mir; In Gedanken.
Ennemi	Népriatel	Feind.
Ennui	Skouka	Lange Weile.
Ennuyant	Skouttcheni	Langweilig.
Enrôler	Nabirâtt soldâtt	Werben.
Entendre	Slouchâtt	Hœren.
Enseigne (une)	Viveska	Schild.

Français.	*Russe.*	*Allemand.*
Ensuite	Poslé	Nachher.
Enterrer	Pogrébâtt	Begraben.
Entièrement	Safsemm	Gænzlich.
Entonnoir	Voronnka	Trichter.
Entorse.	Ouchib	Verrenkung.
Entrailles	Podroki	Eingeweide.
Entre (adv.)	Mégedou	Zwischen; Unter.
Entrer	Vestoupîtt	Hereingehen.
Entretien (discours)	Rasgovor	Gespræch.
Entrez	Podité	Herein.
Envie (désir)	Namiéremnié	Lust.
Envie (jalousie)	Zavist	Neid.
Environ	Okolo	Ungefæhr.
Envoyer	Poslâtt	Schicken; Senden.
Épais	Tolsti	Dick.
Épaule	Pléttcho	Schulter.
Épée	Chepaga	Degen.
Éperon	Cheporï	Sporn.
Épilepsie	Padoudchenàïa bolesne	Fallende Sucht.
Épingle	Boulavka	Spingel; Stecknadel.
Éponge	Goubka	Schwamm.
Épouvantable	Stracheni	Erschrecklich.
Épouvanter (s')	Ispougattsa	Erschrecken.
Érésipèle	Roja	Rose Krankheit.
Erreur	Ochibka	Irrthum.
Escalier	Lesnitza	Treppe.
Escargot	Oulittka	Schnecke.
Espagnol	Hichepanski	Spanier.
Espérance	Nadègeda	Hoffnung.
Espérer	Nadâttsa	Hoffen.
Espion	Chepiônn	Spion.
Esprit	Razoum; Ostroumié	Verstand; Geist.
Essayer	Popitâtt	Probiren.
Essieu	Oss	Achse.
Essuie-main	Polotenntzo; Outiralnik	Handtuch.
Essuyer	Obtirâtt	Abwischen.
Estimer	Pottchitâtt	Schætzen.
Estomac	Géloudek	Magen.

Français.	*Russe.*	*Allemand.*
Estropié	Koleka	Lahm.
Et	I ; a	Und.
Étage	Etaja	Stockwerk.
Étain	Olovo ; Svinetz	Zinn.
Étang	Proud	Teich.
Étau	Tiski	Schraubstock.
Été (l')	Léto	Sommer.
Éteindre	Pogassìtt	Auslœschen.
Étincelle	Iskra	Funke.
Étoile	Svezda	Stern.
Étonnant	Oudivitelno	Wunderbar.
Étonnement	Tchoudo	Wunder.
Étonner (s')	Oudivlâttsa	Sich wundern.
Étranger	Inostrannï	Fremd.
Étranger (un)	Innozémetz	Ein Fremder.
Être (verb.)	Bitt	Seyn.
Être malade	Kvorâtt	Krank seyn.
Étrier	Stréména	Steigbügel.
Étrille	Skrebnitza	Striegel.
Étroit	Ouski	Enge ; Schmal.
Étudier	Outtchittsa	Studieren.
Étui	Igolnik	Nadelbüchschen.
Évanouissement	Obmorok	Ohnmacht.
Éveiller	Rasbouditt	Wecken.
Éveiller (s')	Probouditssa	Erwachen.
Éventail	Opakalo	Fæcher.
Excellent	Préskrasni	Vortreflich.
Excrément	Griaz	Koth.
Excepter	Viklouttchâtt	Ausnehmen.
Exception	Viklouttchénïé	Ausnahme.
Exemple (par)	Nà primér	Zum Beispiel.
Exercice (faire l')	Obouttchâtt soldàtt	Exerciren.
Exiger	Trébovâtt	Begehren.
Exprès	Narottcheno.	Mit Fleiss.

F.

Fabrique	Zàvod ; Fabrika	Fabrike.
Factionnaire	Tchassòvoï	Schildwache.
Fagot	Kvorost	Reisholz ; Bündel

Français.	Russe.	Allemand.
Faim	Golod	Hunger.
Faire	Diélâtt	Machen; thun.
Faire du bruit	Choumétt	Lærmen.
Faisan	Fasann	Fasan.
Falloir	Dolgenstvovátt	Müssen.
Famille	Familia ; Sèmia	Familie.
Farceur	Sabavnik	Spassvogel.
Farine	Mouka	Mehl.
Fatigué	Oustali	Müde.
Faubourg	Prédmestié	Vorstadt.
Faucille	Serp	Sichel.
Faucon	Sokol	Falk.
Faute	Ochibka	Fehler; Schuld.
Fauteuil	Kresla	Lehnstuhl.
Faux (une)	Kossa	Sense.
Femelle	Samka	Weibchen.
Féminin	Gennskoï	Weiblich.
Femme (une)	Gèna	Frau.
Femme (ma)	Souprouga	Meine gemahlinn ; frau
Fenaison	Siénokoss	Heuærnte.
Fenêtre	Okno ; Okocheko	Fenster.
Fer	Gélézo	Eisen.
Fer à cheval	Podkova	Hufeisen.
Fer à repasser	Outiouk	Bügeleisen.
Fer (fil de)	Provoloka	Draht.
Ferblanc	Gést	Blech.
Ferblantier	Gestïanik	Blechner.
Ferme	Krepki	Fest.
Fermer	Sattvorîtt	Zumachen ; Schliessen
Ferrer un cheval	Podkovátt lochâd	Ein Pferd beschlagen.
Féte	Prasdnik	Feyertag.
Féte, (jour de sa)	Imèhinni	Nahmenstag.
Feu	Ogonn (Ogogne)	Feuer.
Feu (pierre à)	Krémenn	Feuerstein.
Feuille d'arbre	List	Blatt.
Feuille de papier	List boumagui	Blattpapier ; Bogen
Fèves	Bobi	Bohnen.
Ficelle	Vérovottcheka	Bindfaden.
Fidèle	Verni	Getreu.
Fidélité	Vernost	Treue.

H

Français.	Russe.	Allemand.
Fiel	Geltche	Galle.
Fier (haut)	Gordé	Stolz.
Fierté	Gordost	Stolz.
Fièvre	Likoradka	Fieber.
Fièvre chaude	Gorettcheka	Hitziges Fieber.
Fièvre putride	Gnoévitza	Faules Fieber.
Figues	Figui	Feigen.
Fil	Nittka	Zwirn; Faden; Garn.
File (rangée)	Râd	Reihe.
Filet	Sett	Netz.
Fille (une)	Dèvidza; Dièvka	Mædchen.
Fille (l'enfant)	Dottche	Tochter.
Fille publique	Bladka; Blâd	Hure.
Fils (le)	Sinn	Sohn.
Fin (à la)	Nà Konïétz	Am Ende.
Fin (la)	Konïetz	Ende.
Fin (mince)	Tonki	Fein; Dünn.
Fin (rusé)	Chitri; Kitzi	Schlau.
Fini	Gotovi	Fertig; Bereit.
Flageolet	Dondka	Flascholet.
Flairer	Nïoukâtt	Riechen.
Flatter	Laskâtt	Schmeichlen.
Flèche	Stréolka	Pfeil.
Fleur	Zevett	Blume.
Flot	Volka	Welle.
Flotte	Flott	Flotte.
Foible	Slabi	Schwach; Matt.
Foiblesse	Slabost	Schwachheit.
Foie	Pettchenn	Leber.
Foin	Siéno	Heu.
Foire	Iarmonnka; Iarmarok	Messe; Jahrmarkt.
Fondre	Lîtt; Taïâtt	Schmelzen.
Fontaine	Kolodèss	Brunnen.
Fontes de pistolets	Tchoucheki	Pistolenhalftern.
Force	Sila	Kraft; Macht; Gewalt.
Force (par)	Nassilno	Mit Gewalt.
Forge	Kouznitza	Schmiede.
Forger	Kovâtt.	Schmieden.
Forgeron	Kouznetz	Schmidt.
Forme de soulier	Kolodka	Schuhleisten.

Français.	Russe.	Allemand.
Fortification	Chantzi ; Krépost	Schanze ; Festung.
Fosse	Grob ; Moguila	Grab.
Fossé	Rov	Graben.
Fou	Dourak	Narr.
Fouet	Knoûtt	Peitsche.
Fouetter	Siéttche	Peitschen.
Foulerie	Saraì	Remise.
Fourchette	Vilki	Gabel.
Fourneau	Pettche	Ofen.
Fourrage	Korm	Futter.
Fourrure	Chouba	Pelz.
Foyer	Ottchak	Heerd.
Frai de poisson	Ikra	Kaviar.
Frais ; Fraiche	Svègi	Frisch.
Fraises	Zemlènika ; Kloubnika	Erdbeeren.
Framboises	Malina	Himbeeren.
Français	Franntzouski	Franzœsisch.
Français (un)	Franntzouss.	Frantzos.
France	Franntzia	Frankreich.
Frapper	Stouttchâtt	Schlagen ; Klopfen.
Fraude	Obmann	Betrug.
Frère	Brâtt	Bruder.
Froid	Kolodno	Kalt.
Fromage	Sir	Kæse.
Fromage blanc	Tvorok	Milchkæse.
Front	Lob	Stirn.
Frontière	Granitza	Grænze.
Frotter	Térétt ; Navostchîtt	Reiben.
Fruits	Plodi	Obst.
Fumée	Dimm ; Ougar	Rauch ; Dampf.
Fumer	Kourîtt	Rauchen.
Fumier	Navoss	Mist.
Furie	Fouria	Furie.
Furieux	Biéchénni	Wüthend.
Fusil	Roujo	Flinte.
Fusiller	Razstrélâtt	Todtschiessen.

G

Français.	*Russe.*	*Allemand.*
Gege	Zaklad	Pfand.
Gager	Obtzaklâtt	Wetten.
Gagner	Barichitt	Gewinnen.
Gai	Vesséli	Lustig.
Gale (la)	Korosta	Grind; Krætze.
Galoper	Skakâtt	Galoppiren
Gant	Perttchattka	Handschuh.
Garçon (petit)	Maltchik	Knabe; Bube.
Garde (la)	Karàoul	Wache.
Gâteau	Pirok	Kuchen.
Gâteau (petit)	Ziplènok ; Krenndel	Küchelchen, Brezel.
Gauche (à)	Nà lèvo	Links.
Gazette	Vèdèmosti ; Gazetti	Zeitung.
Gazon	Dern	Wasen.
Gelée	Maross	Frost.
Geler	Zamersâtt	Frieren.
Genou	Kolèno	Knie.
Gens (les)	Loudi	Leute.
Gentil-homme	Dvòraninn	Edelmann.
Gerbe	Snop	Garbe.
Geste	Tèlodvigénié	Geberde.
Giberne	Podsoumok	Patrontasche.
Gibier	Dittchinn	Wildpret.
Girouette	Fligenn	Wetterhahn.
Glace	Lod ; Led	Eis.
Glaces pour manger	Morogeno	Gefrornes.
Gland	Doub.	Eichel.
Glissant	Gladki	Glatt.
Gloire	Slava	Ruhm.
Glu	Kleï	Vogelleim.
Gobelet	Stakânn ; Roumka	Glas; Becher.
Gomme arabique	Kamed	Arabisches Gummi.
Gorge	Gorlò	Gurgel.
Gourmand	Objorlivi	Gefræssig.
Goût	Vèkouss	Geschmack.
Goûter	Ottvidivâtt	Schmecken.
Goutte (maladie)	Podagra	Podagra.
Gouttes (des)	Kaplé	Tropfen.
Grâce	Milost	Gnade.
Grains	Gito	Getreide.

Français.	Russe.	Allemand.
Graisse	Salo ; Gir	Fett.
Graisser	Mazátt	Schmieren.
Grand	Véliki ; Bolchoï	Gross.
Grandir	Rostitt	Wachsen.
Grange	Saràï	Scheuer.
Gras	Girni	Fett.
Gravure	Estammti	Kupferstich.
Grêle	Grâd	Hagel.
Grenadier	Granadir	Grenadier.
Grenier	Ammbar	Speicher.
Grenouille	Làoucheka	Frosch.
Gril	Rachetéri	Rost.
Grimace	Drassnitza	Grimasse.
Gris	Sièri	Grau.
Grive	Drosd	Drossel.
Gronder	Brânitt	Schmæhlen.
Gros	Tolstï	Dick.
Grosse (enceinte)	Broukataïa	Schwauger.
Groseilles	Smorodina	Johannisbeere.
Grossièreté	Groubost	Grobheit.
Gruau	Grettchana ; Kacha	Grütze.
Grue (oiseau)	Jouravle	Kranich.
Gué d'une rivière	Koupanié	Schwemme ; Furt
Guêpe	Osva	Wespe.
Guérir	Lettchitt ; Visdoroviétt	Heilen ; Genesen.
Guérite	Boudka	Schilderhaus.
Guerre	Vòïna	Krieg.
Guêtres	Chébrati	Gamaschen.
Guide (un)	Pravodnik	Bothe ; Wegweiser.
Guirlande	Vénetz	Kranz.

H

Ha	Ga ; Ha	Ha.
Habiller (s')	Odèyâttsä	Sich Ankleiden.
Habit	Platié ; Kaftann	Kleid ; Rock.
Habitant (l')	Gragedàninn	Bürger.
Habitant (un)	Gitel ; Obitatel	Einvohner.
Habitude	Privittcheka	Gewohnheit.
Habitué	Privik	Gewohnt.

Français.	Russe.	Allemand.
Hableur	Kvastounn	Prahler.
Hache	Oss; Topor	Axt.
Haie	Isgorivoda	Hecke.
Haine	Nènavist	Hass.
Haïr	Nènaviditt	Hassen,
Haleine	Dikanié	Athem.
Halte	Stoï	Halt.
Hameçon	Ouda	Angel.
Hanche	Bèdro	Hüfte.
Hangar	Saraï	Schoppen.
Hardi	Sméli	Kühn.
Hardiesse	Smélost	Kühnheit.
Hareng frais	Seld	Hæring.
Hareng soré	Kaptchènnié Seldi	Pückling.
Harpe	Arfa	Harfe.
Hasard	Slouchei	Zufall.
Hâte	Skorost	Eile.
Haut (en)	Nà verk	Oben; Hinauf.
Haut	Verk	Hoch.
Hautement	Gromko	Frey heraus.
Havre-sac	Kotommka	Bündel; Sack.
Herbe	Trava	Gras; Kraut.
Hérisson	Iéche	Igel.
Héritier	Naslednik	Erbe.
Hernie	Kila	Bruch.
Herse	Borona	Egge.
Heure	Tchass	Uhr; Stunde.
Heure (de bonne)	Rano	Früh.
Heureux	Chestlivi	Glücklich.
Hibou	Sova	Eule.
Hier	Vettchéra	Gestern.
Hier (avant)	Trétíavodni	Vorgestern.
Hirondelle	Lastottcheka	Schwalbe.
Hiver	Zima	Winter
Hollandais	Golanndetz	Hollænder.
Hollande	Golanndia	Holland.
Homme	Tchélovek; Mougik	Mann; Mensch.
Hongrois	Vennguéretz	Unger.
Honnête	Tchestni; Outtchetivi	Hœflich.
Honneur	Tchest	Ehre.

Français.	Russe.	Allemand.
Honte	Stid	Schande; Scham.
Hôpital	Latzareth; Gospital	Lazareth; Hospital.
Horloge	Bolchïa tchassi	Uhr.
Horloger	Tchassovòi Master	Uhrmacher.
Hôte	Kosainn	Wirth.
Hôtesse	Kasàika	Wirthinn.
Houblon	Kemel	Hopfen.
Huche; pétrin	Kevachena	Backtrog.
Huile	Masla	Oehl.
Huître	Oustritza	Auster.
Humide	Sîri	Feucht.
Humidité	Sirost	Feuchtigkeit.
Hussard	Houssar	Husar.
Hydromel	Mêd	Meth.
Hydropisie	Vodénaïa bolesne	Wassersucht.

I

Français.	Russe.	Allemand.
Ici	Sdess; Souda	Hier.
Idée	Misli	Gedanke; Idee.
Ile	Ostrov	Insel.
Il faut	Dolgeno	Man muss.
Il n'y a pas longtems	Né davno	Es ist nicht lange Zeit.
Image; tableau	Kartina; givopiss	Bild; Gemæhlde.
Image de saint	Obrass	Heiligenbild.
Imbécille	Gloupi; Dourak	Dummer Mensch.
Impératrice	Immpératritza; Tza-ritza	Kaiserinn.
Important	Vageni	Wichtig.
Impossible	Névosmougeni	Unmœglich.
Impôt	Pochelina	Steuer; abgabe.
Imprimer	Pettchatavâtt	Drucken.
Imprimerie	Tipografia	Buchdruckerei.
Imprimeur	Tipografchik	Buchdrucker.
Incendie	Pojar	Feuersbrunst.
Inconstant	Népostòïénesti	Unbeständig.
Indiquer	Prokazâtt	Zeigen.
Indiscrétion	Neskromnost	Unbedachtsamkeit.
Industrie	Staranié; Promíche-lénöst	Industrie.

Français.	*Russe.*	*Allemand.*
Infanterie	Innfanntèria ; Pèkota	Infanterie.
Infidèle	Néverni	Untreu.
Ingénieur	Inngénéer	Ingenieur.
Ingrat	Néblagodarni	Undankbar.
Injustice	Nespravedlivost	Ungerechtigkeit.
Injurier	Branittsa	Schimpfen.
Innocent	Névinnòi	Unschuldig.
Innondation	Potop	Ueberschwemmung.
Inquiétude	Bezpokòistvo	Unruhe.
Insensé	Biéchéni	Unsinnig.
Inspecteur	Nadziratel	Aufseher ; Inspector.
Instruit	Moladiétz	Gelehrt.
Insulter	Rougâtt	Schelten.
Insupportable	Skoucheni	Unerträglich.
Interprète	Pèrèvodchik	Dolmetscher.
Italie	Italia	Italien.
Italien (un)	Italianetz	Italiener.
Inviter	Prositt	Einladen.
Ivoire	Slonovi Kost	Elfenbein.
Ivre	Piann	Betrunken.
Ivresse	Chemel	Rausch ; trunkenheit.

J

Jalousie	Revnost	Eifersucht.
Jaloux	Revnif	Eifersüchtig.
Jamais	Nikokda	Nie ; Niemals.
Jambe	Noga	Bein.
Jambon	Okorok ; Okorka	Schinken.
Japper	Làiâtt	Bellen.
Jardin	Sad ; Ogorod	Garten.
Jardinier	Sadovnik	Gärtner.
Jarretière	Podviazka	Strumpfband.
Jaune	Gelti	Gelb
Jésus-Christ	Christoss (souss)	Christus (Jesus).
Jeter	Kidâtt	Werfen.
Jetons (des)	Marki	Zeichen.
Jeu	Igra	Spiel.
Jeune ; (pas âgé)	Molodi	Jung.
Jeunesse	Moladost ; Iounost	Jugend.

Français.	Russe.	Allemand.
Joie	Radost	Freude.
Joli	Prèkrasni	Schœn ; Hübsch.
Joue (la)	Chéka	Backen.
Jouer	Igràtt	Spielen.
Jour	Denn	Tag.
Jour maigre	Post	Fastag.
Jour de naissance	Rogedénié	Geburtstag.
Journalier (un)	Rabottnik	Taglœhner.
Juge	Soudia	Richter.
Jugement	Soud	Gericht; Urtheil.
Juif	Gid	Jude.
Jument	Kobila	Stute
Jupe	Ioubka ; Ispodinitza	Rock
Jus	Sok	Saft
Jusque	Do	Bis.
Juste (c'est)	Tak	Recht.
Justement	Tottcheno tak	Just so.
Justice	Spravedlivost	Gerechtigkeit.

L

Là	Tamm ; toûtt	Da.
Là-bas	Touda	Dahin.
Labourer	Pakâtt ; Orâtt	Pflügen ; Ackern.
Lac (rivière)	Osèro	See
Lacet	Snour	Schnur.
Lâcher	Poustitt	Loslassen.
Laid	Gadki	Hæsslich.
Laideur	Gadkost	Hæsslichkeit.
Laine	Cherst	Wolle.
Laisser aller	Poustitt	Gebeu lassen.
Lait	Moloko	Milch.
Laitue	Salamm	Lattich.
Lame	Klinok	Klinge.
Lampe	Lammpada	Lampe.
Lance	Kopià	Lanze.
Langue de la bouche	Iazik	Zunge.
Langue (idiôme)	Iazik	Sprâche.
Lanterne	Fanar	Laterne.
Lapin	Krolik	Kaninchen.

1

Français.	Russe.	Allemand.
Lard	Vettchina	Speck.
Large	Chiroki	Breit
Larmes	Sléza	Thrænen.
Las	Oustali	Müde.
Latin (le)	Latiniskòi	Latein.
Latrines	Zakod ; Nougenik	Abtritt.
L'autre	Drougoï	Anderer.
Laver	Mitt	Waschen.
Laveuse	Prattcheka	Wæscherinn.
Léger	Lèki	Leicht.
Légumes	Zélina	Gemüse.
Lentement	Tichi	Langsam.
Lentilles	Tchittchéviza	Linsen.
Lequel	Kto	Wer ; Welcher.
Lettre de l'a b c	Pismo ; Boukva	Buchstab
Lettre de correspon-dance	Pismo	Brief
Lettre de change	Veksel	Wechselbrief.
Leur	Iche	Ihr.
Lever (se)	Vestavâtt ; Vestâtt	Aufstehen.
Lèvre	Gouba	Lippen.
Libraire	Péréplettchik ; Knigo-prodavetz	Buchbinder.
Libre	Volnii	Frey.
Licol	Nèdaousdok ; Obrott	Halfter.
Lier	Privézivàtt ; Vésàtt	Binden.
Lieu	Mesto	Ort.
Lieue	Milk ; Mili	Stunde ; Meile.
Lieutenant	Porouttchik	Lieutenant.
Lièvre	Zaîetz	Hase.
Ligne	Chérenga ; Stroka	Linie.
Lime	Terpouk	Feile.
Limonade	Limonad	Limonade.
Lin	Lenn	Lein ; Flachs.
Linge	Bélio polottno ; Kolsti	Leinwand.
Lion	Lèv	Loewe.
Lire	Tchitâtt	Lesen.
Lis (fleurs de)	Liléïa	Lilieblum.
Lit	Postella	Bett.
Lit (couverture de)	Odèvalo	Bettdecke.

Français.	Russe.	Allemand.
Lit de plumes	Pèrina	Federbett.
Lit (bois de)	Krovàtt	Bettlade.
Lit (drap de)	Prostina	Bettuch.
Litière	Podstilka ; Soloma	Streu ; Stroh.
Littérature	Littératoura	Litteratur.
Livre (la)	Fount	Pfund.
Livre (le)	Kniga	Buch.
Logement	Quartièra ; Postòi	Einquartierung ; Quartier.
Loi	Zakoun ; Oukase	Gesetz.
Loin	Daloko	Weit.
Loin (plus)	Dalché	Weiter.
Loin (de)	Isdal	Vonferne.
Long	Dolgii	Lang.
Long-tems	Dolgo	Lange Zeit.
Longueur	Dlina	Længe.
Lorsque	Kak ; Kokda	Wann.
Louange	Pokvala	Lob.
Louer (faire l'éloge)	Kevalitt	Loben.
Loup	Volk	Wolf.
Lui	Onn ; To	Er.
Lumière	Svétt	Licht.
Lumière (chandelle)	Svéttchâ	Licht ; Kerze.
Lumière (de fusil)	Zatravka	Zündlöch.
Lune	Mèsétz ; Louna	Mond.
Lunettes	Ottcheki	Brillen.
Luxe	Roskottche	Aufwand.

M

Maçon	Kamenuchik	Maurer.
Madame	Soudarina ; Gospodina	Madame.
Magasin	Magatzino ; Kladovaïa	Magazin.
Magnificence	Vélikolépié	Pracht.
Maigre	Koudi	Mager.
Maigre (jour)	Postuidenn	Fastag.
Main	Rouka	Hand.
Main de papier	Desti	Buchpapier.
Maire	Bourgomister	Bürgermeister ; Maire.
Mairie	Ratouche	Rathhaus.

Français.	Russe.	Allemand.
Mais	No	Aber ; Allein.
Maison	Dòmm	Haus.
Maison (à la)	Domoï	Zu Hause.
Maison de campagne	Bésedka	Lusthaus.
Maison du coin	Ougolni Dòmm	Eckhaus.
Maître	Outtchitel ; Master	Lehrer ; Meister.
Maître de langue	Outtchitel ; Iasika	Sprachmeister.
Major	Maïor	Major.
Major (état)	Chetab	Stab.
Mal (avoir)	Bolitt ; Kyoràtt	Weh haben.
Mal de tête	Golovnaïa bol	Kopfweh
Malade	Bolni	Krank.
Maladie	Bolesne	Krankheit.
Mâle	Sametz	Männlich.
Malgré	Né Smotra	Dem ungeachtet.
Malle (une)	Sounndouk	Kasten.
Maman	Maminnka	Mama.
Manche (la)	Roukav	Aermel.
Manchon	Moufta	Muff ; Staucher.
Mangeoire	Iasli	Krippe.
Manger	Kouchàtt ; Iest	Essen ; Speisen.
Manger (le)	Kouchanié	Das Essen.
Manteau	Plache	Mantel.
Marais	Boloto	Morast.
Marbre	Meramor	Marmor.
Marchand	Koupetz	Kaufmann ; Kræmer.
Marchandise	Tovar	Waare.
Marche (la)	Pokod	Marsch ; Zug.
Marché (le)	Basar	Markt.
Marché (bon)	Dèchévi	Wohlfeil.
Marcher	Ititt	Gehen.
Maréchal de camp	Feldmarchal	Feldmarschal.
Maréchal de logis	Kouartirmeister	Quartiermeister.
Maréchal ferrant	Kouznetz ; Konoval	Hufschmied
Mari	Mouge	Mann ; Gemahl.
Mariage	Zamougitt ; Svadba	Heirath.
Marié	Gennàtt	Geheirathet.
Marier (se)	Genitt	Sich heirathen.
Marmite	Kotel	Kessel.
Marraine	Kréchanaïa-màtt	Pathinn.

Français.	Russe.	Allemand.
Marron	Kachetani	Kastanien; Maronen.
Marteau	Molotok	Hammer.
Masculin	Mougeskoï	Mænnlich.
Matelas	Tifak	Matratze.
Matelot	Matross	Matrose.
Matin (le)	Outro	Morgen.
Mauvais	Koudo ; Houdo	Schlecht.
Mèche	Svètilna	Dacht ; Docht.
Médecin	Mèdik ; Vrattche	Arzt ; Doktór.
Médecine (une)	Lèkarstvo ; Slabitelni	Mediziu ; Arzney.
Melon	Dinïa	Melone.
Membre	Tchelenu	Glied.
Mémoire (la)	Pamètt	Gedæchtniss.
Mémoire (le)	Chott	Rechnung.
Menacer	Krozitt	Drohen.
Mendiant	Nichechi	Bettler.
Mener	Iékatt	Führen.
Mentir	Solgátt ; Légátt	Lügen.
Menton	Podbarodok	Kinn.
Menuisier	Stolar	Schreiner : Tischler.
Mer	Mor ; Morai	Meer ; See.
Merci	Blagodarou	Dank ; Ich danke.
Mère	Màtt	Mutter.
Mère (grand)	Baboucheka	Grossmutter.
Mérite	Dostòinstvo	Verdienst.
Messager	Narottchèni ; Pavodnik	Bothe.
Mesure	Mèra	Mass.
Mesurer	Mérìtt ; Smèrìtt	Messen.
Métier	Rémeslo ; Promissel	Handwerk.
Mets (un)	Bloudo	Speise.
Meubles	Possouda	Mobilien.
Meunier	Melnik	Müller.
Midi	Poldenn	Mittag ; 12 uhr.
Midi (sud)	Poldèss	Süden ; Mittag.
Miel	Mèd	Honig.
Mieux	Louttché	Besser ; Lieber.
Milieu	Srèdina	Mitte.
Millet	Prosso	Hirsen.
Mince	Tonnki	Dünn.
Mine (en terre)	Podkup	Grube ; Mine.

Français.	Russe.	Allemand.
Minuit	Polnottche	Mitternacht.
Minute	Minouta	Minute.
Miroir	Zerkalo	Spiegel.
Misère	Bèda : Koud	Elend.
Mode (la)	Moda	Mode.
Moelle	Mosk	Mark.
Moi	Ia	Ieh.
Moins	Ménié	Weniger.
Moisson	Jattva	Ærnte.
Moitié	Polovina	Halfte ; Halb.
Mollet (le)	Ikra	Wade
Mon	Moï	Mein.
Monarque	Gossoudar	Monarch.
Monceau	Kouttcha	Haufen.
Monde	Svétt	Welt
Mon Dieu	Bojé Moï	Mein Gott.
Monnoie	Monéta	Münze.
Monsieur	Gospodinn ; Soudar	Mein Herr.
Montagne	Gora	Berg.
Monter	Vedzòitti	Hinaufgehen ; Steigen.
Monter à cheval	Iesditt verkomm	Reiten.
Montre (une)	Tchassi	Uhr ; Sackuhr.
Montrer	Pokazàtt, Pokazivàtt	Zeigen ; Weisen.
Monument	Pamett	Denkmal ; Monument.
Moquer (se)	Nasme' àttsa	Auslachen ; Spotten.
Morceau	Koussok	Stück.
Mordre	Oukoussitt	Beissen.
Mords	Mouttchetouk	Gebiss ; Mundstück.
Morsure	Sakouska	Biss.
Mort	Merttvi	Todt.
Mort (la)	Smertt	Tod.
Mortier	Mortira	Mœrser.
Mot	Slovo	Wort.
Mou	Mécheki	Weich.
Mouche	Mouka	Mücke ; Fliege.
Moucher (se)	Outtràttsa	Die Nase putzen.
Mouchettes	Chiptzi	Lichtputze.
Mouchoir de cou	Galstouk	Halstuch.
Mouchoir de poche	Platok	Schnupftuch.

Français.	Russe.	Allemand.
Moudre	Molott	Mahlen.
Mouillé	Mokri	Nass.
Mouiller	Mokrìtt	Netzen.
Moulin	Melnìtza	Mühle.
Mourir	Oumirâtt	Sterben.
Mousse (la)	Mok	Moos.
Mousseline	Kisséïa	Mousseline; Nesseltuch
Moustache	Oussi	Schnurbart.
Moutarde	Korttchittsa	Senf.
Mouton	Barann	Hammel.
Muet	Némi	Stumm.
Mulet	Lochak	Maulesel.
Municipalité	Nattchalistvo	Municipalitæt.
Mur; Muraille	Sténa	Mauer; Wand.
Mûr, Mûre	Spéli	Reif; Zeitig.
Mûres (des)	Iagodé	Beeren.
Musc	Mouchekétt	Muskate.
Musicien	Mouzikannt	Musikant.
Musique	Mouzika	Musik.

N

Français.	Russe.	Allemand.
Nacelle	Lodka	Nachen.
Nager	Plàvâtt	Schwimmen.
Nain	Karla	Zwerg.
Naître	Rodittsa	Geboren werden.
Nankin	Kitaïka	Nankin.
Nappe	Skaterti	Tischtuch.
Nation	Nattzia	Nation.
Nature	Priroda	Natur.
Navet	Repka	Rübe.
Néanmoins	Mégedou temm	Dem ungeachtet.
Nécessaire	Nadobno	Nothwendig.
Nécessité	Béda; Kissel	Nothwendigkeit.
Nègre	Arab	Mohr.
Neige	Sniek; Sniegne	Schnee.
N'est-ce pas	Né pravda li	Nicht wahr; gelt.
Neveu	V'nouk	Neffe.
Nez	Noss	Nase.
Ni	Né	Weder.

Français.	*Russe.*	*Allemand.*
Nid	Guenesdò	Nest.
Niéce	Pléménitzà; V'nou-cheka	Nichte.
Noble	Blagorodnii	Adelig; Edelmann.
Noblesse	Dvorenstvo	Adel.
Noce	Svadba	Hochzeit.
Noir	Tcherni	Schwarz.
Noisette	Orèchi	Haselnüsse.
Noix	Orèche	Nuss; Nüsse.
Nóm	Imïé	Nahme.
Nombre	Tchislo	Zahl.
Nombril	Poupok	Nabel.
Nommer	Nazivâtt	Nennen; Heissen.
Non	Niétt	Nein.
Nord	Siéver	Nord.
Notre	Nache	Unser.
Noné	Sopragéni	Geknüpft.
Nouilles	Lapcha	Nudeln.
Nourrice	Karmilitza	Sæugamme.
Nourrir	Pitâtt	Næhren.
Nous	Mi	Wir; Uns.
Nouveau	Novii	Neu.
Nouvel an	Novouï Gòd	Neuiahrstag.
Nouvelle (une)	Isvestié	Nachricht; Neuigkeit.
Noyer (se)	Outonoùtt	Sich Ertrænken; Er-saufen.
Nu	Goli	Nackend.
Nuage	Oblako	Wolke; Nebel.
Nuit	Nottche	Nacht.

O

Obéir	Povinovâttsa	Gehorchen.
Obéissance	Poslouchanié; Pokornost	Gehorsam.
Obéissant	Pokorni	Gehorsamer
Obligé	Odolgitt	Verbunden.
Obscur	Temmnì	Finster; Dunkel.
Obscurité	Zattménié	Dunkelheit.
Observation	Zamettchanié	Bemerkung.

Français.	Russe.	Allemand.
Observer	Primettchâtt	Bemerken.
Obtenir	Polouttchâtt	Erhalten.
Occasion	Slouitchaï	Gelegenheit.
Occident	Zapada	Westen.
Odeur	Zapak	Geruch.
Odorat	Oboniénié	Geruch.
OEil	Glaz	Auge.
OEillet	Guévosdik	Nelke.
OEuf	Iaïtzo	Ey ; Eyer.
Offenser	Obijâtt	Beleidigen.
Officier	Ofittzer	Officier.
Offrir	Podavâtt	Anbiethen.
Oie	Gouss	Gans.
Oignon	Loukovitza	Zwiebel.
Oindre	Mazâtt	Salben.
Oing (vieux)	Salo; Dégott; Gir	Wagenschmiere.
Oiseau	Pétittza	Vogel.
Olives	Oliva	Oliven.
Ombre	Tenn	Schatten.
Omelette	Ieïchinittza	Pfannkuchen.
Oncle	Diëdoucheka	Oheim.
Ongle	Nogott	Nagel.
Onguent	Maz	Salbe.
Or	Zoloto	Gold.
Orage	Touttcha; Boura	Ungewitter.
Orange	Apelsinn; Poméranétz	Pomeranze.
Ordonner	Prikazâtt	Befchlen.
Ordre (commandement)	Prikaze	Befehl.
Ordre (décoration)	Ordenn	Orden.
Ordre (régularité)	Poradôk	Ordnung.
Ordre (en)	Paradottcheni	In Ordnung.
Oreille	Ouko	Ohr.
Oreiller	Podoucheka	Kopfkissen.
Orfèvre	Zolotar; Zérébrénik	Goldschmidt.
Orge	Iattchemenn	Gerste.
Orgue	Orkann	Orgel.
Orgueil	Gordost	Hochmuth.
Orgueilleux	Gordi; Ouporni	Hochmüthig.
Orphelin	Sirota	Waise.

K

Français.	Russe.	Allemand.
Os	Kost	Knochen.
Oseille	Tchàvel	Sauerampfer.
Oser	Smétt	Dürfen.
Osier	Iva	Weide.
Otage	Amanâtt	Geissel.
Oter	Ottnimâtt	Nehmen.
Ou	Ili	Oder.
Où	Guedé; Kouda	Wo.
Oublier	Zabitt; Zaboùivâtt	Vergessen.
Oui	Da	Ia.
Ouïe	Slouk	Gehœr.
Ouragan	Boura	Sturm.
Ourler	Obroubitt	Sæumen.
Ours	Medved	Bær.
Outil	Instroumènnt	Werkzeug.
Ouvrage	Sottchinénié; Rabota	Werk; Arbeit.
Ouvrier	Rabottnik	Arbeiter.
Ouvrir	Ottvoritt; Ottpèrett	Aufmachen.

P

Français.	Russe.	Allemand.
Page (la)	Stranittsa; List	Blatt; Pagina.
Paie (la)	Jalovanié	Sold.
Paillasse	Méchok	Strohsack.
Paille	Soloma	Stroh.
Pain	Kleb.	Brod.
Pain à cacheter	Oblattka	Oblate.
Pain d'épice	Pranik	Pfefferkuchen.
Paire (la)	Para	Paar.
Paisible	Smirni	Still.
Paître	Pasti	Abweiden.
Paix (la)	Mir	Friede.
Paix; silence	Tichi	Stille.
Palais de la bouche	Niobo	Gaumen.
Palais (édifice)	Dvorètz	Pallast.
Panier	Korzina	Korb.
Pantoufle	Toufel	Pantoffel.
Paon	Pavlinn	Pfau.
Papa	Papinnka	Papa.
Papier	Boumaga	Papier.

Français.	Russe.	Allemand.
Paques	Paska	Ostern.
Paquet	Oboss.	Pack.
Paradis	Raï	Paradies.
Parapluie	Zonntik	Regenschirm.
Pardon	Prochénié	Verzeihung.
Pardonner	Prostitt	Verzeihen.
Parement	Obchelaga	Umschlag.
Parent	Drouzi Priatel	Anverwandter.
Paresse	Lénost	Faulheit.
Paresseux	Lénivi	Faul.
Parler	Govoritt	Reden; Sprechen.
Parmi	Mègedou	Unter.
Parrain	Krestini Otiètz	Pathe.
Part	Techast	Theil.
Partager	Dèlitt	Theilen.
Particulièrement	Osoblivo	Besonders.
Partir	Proïckatt; Ottiékâtt	Fortgehen; Abreisen.
Partout	Vesdé	Ueberall.
Pas (le)	Chak ; Chague	Schritt.
Pas beaucoup	Né mnogo	Nicht viel.
Pas encore	Niétt iéchecho	Noch nicht.
Pas possible	Mougeli	Nicht mœglich.
Passable	Po Malennkou	Leidlich.
Passablement	Tak i sack	So so ; Ziemlich.
Passage	Perèkod	Durchgang.
Passant (en)	Mimo	Im vorbei gehen.
Passeport	Pacheportt	Pass.
Pâte	Testo	Teig.
Pâté (un)	Pirok	Pastete.
Patience	Terpénié	Geduld.
Patins (pour glisser)	Konuki	Schlittschuh.
Patrie	Otiettchèstvo	Vaterland.
Patrouille	Patroulle	Patroulle.
Patte (la)	Lapa	Pfote.
Pâturage	Iva	Weide.
Pâturer	Pastitt	Weiden.
Paupière	Risnitza	Augenlied.
Pauvre	Bedni ; Skoudni	Arm.
Pauvreté	Skoud	Armuth.
Pavot	Mak	Mohn.

Français.	Russe.	Allemand.
Payement	Zaplata	Bezahlung.
Payer	Saplatitt	Bezahlen.
Pays	Zemmla	Land.
Pays (compatriote)	Zemmlak	Landsmann.
Paysan	Krestiáninn ; Moujik	Bauer.
Peau	Koja	Haut.
Pêche (fruit)	Persik	Pfirsich.
Péché (un)	Grek ; Greche	Sünde.
Pécheur de poisson	Ribak	Fischer.
Peigne	Grébenn	Kamm.
Peine	Jal.	Mühe ; Leid.
Peine (à)	Edva ; Nassilou	Kaum.
Peintre	Givopissetz	Mahler.
Pelisse	Chouba	Pelz.
Pelle ; Pelle à feu	Lopattka	Schaufel ; Schippe.
Pendant que	Téchèrez	Wæhrend dass.
Pendule	Bolchia Tchassi	Uhr ; Wanduhr.
Pensée	Misli	Gedanke.
Pensée (fleur)	Rod Fialoki	Viole.
Penser	Doumàtt	Denken.
Perçoir	Bouraf	Bohrer.
Perdre	Potéràtt	Verlieren.
Perdrix	Rabtchik ; Kouropatt-ka	Feldhuhn.
Père	Otïetz	Vater.
Père (grand)	Dêd	Grossvater.
Perle	Jémmchougina	Perle.
Permettre	Posvolitt	Erlauben.
Permission	Posvolènié	Erlaubniss.
Perroquet	Popougaï	Papagei.
Perruque	Parik	Perrücke.
Perruquier	Parikmaker	Perrückenmacher.
Persil	Pétroucheka	Petersilie.
Personne (négation)	Nikto ; Nikakòi	Niemand.
Personne (une)	Snakomètz ; Ossoba	Jemand ; eine Person.
Personnes (des)	Loudi	Leute ; Personen.
Pesant	Tègèlo	Schwer.
Peser	Vessitt	Wiegen.
Peste	Tchouma	Pest.
Petit	Mali ; Korottki	Klein.

Français.	Russe.	Allemand.
Petit (très-)	Malinnki	Sehr klein
Petit-fils	Fenouk	Enkel.
Petite-fille	Fenouttcheka	Enkelinn.
Petite-vérole	Ospa	Die Pocken.
Pétrin	Kevachena	Backtrog.
Peu	Malo	Wenig.
Peu (un)	Né mnogeko	Ein wenig.
Peu (très-)	Ottchenn malo	Sehr wenig.
Peuple	Plétia; Navòd	Volk.
Peur (la)	Chetrak	Furcht.
Peut-être	Avoss; Mogett bitt	Vielleicht.
Pharmacien	Aptéka	Apotheker.
Pie (oiseau)	Soroka	Aelster.
Pièce (morceau)	Trapka; Koussok	Stück.
Pied	Noga	Fuss.
Pied (à)	Péchekomm	Zu Fusse.
Pied-de-cheval	Kopito	Huf.
Pierre (une)	Kamenn	Stein.
Pierre (de)	Kamenni	Steinern.
Pierre (nom d'homme	Pèter	Peter.
Pierre-à-feu	Krèmenn	Feuerstein.
Pieux (dévot)	Blagottchestivi	Fromm.
Pigeon	Goloub	Taube.
Pilier	Stolp	Pfeiler.
Piller	Grabìtt	Plündern.
Pilon	Igott	Mœrsel; Stœssel.
Pilule	Piroula	Pille.
Pin (arbre)	Sosna	Fichte.
Pince; Pincettes	Kléchi	Zange.
Pipe	Troubka	Pfeife.
Pipe (tuyau de)	Tchonbouk	Pfeifenrohr.
Pique (une)	Kopié	Picke.
Pique de cartes	Vinié	Schüppen.
Piquer	Kolòtt	Stechen.
Piquet	Bèkett; Kol	Pfahl.
Piquet (jeu de)	Pikétt	Piket.
Pis (tétine)	Vima	Euter.
Pisser	Pàtìtt; Settsatt	Pissen.
Pistolet	Pistolett	Pistole.
Place	Mesto	Platz; Raum.

Français.	Russe.	Allemand.
Place publique	Plochett	Platz.
Plafond	Potolok	Zimmerdecke.
Plaie	Rana	Wúnde.
Plaindre (se)	Jalovâttsa	Sich Klagen.
Plaine	Dolîna	Thal.
Plainte	Jaloba	Klage.
Plaire	Ponnravittsa	Gefallen.
Plaisant	Smèchenik	Spassmacher.
Plaisanterie	Chouttka	Spass; Scherz.
Plaisir	Oudovolstvié	Vergnügen.
Planche	Doska.	Bret.
Plancher (le)	Pol.	Boden.
Plante des pieds	Podocheva	Fussohle.
Planter	Saditt	Pflanzen.
Plat (un)	Bloudo	Schüssel.
Plat ; uni	Ploski	Flach; Eben.
Plat à barbe	Brittvennik	Barbierbecken.
Plein	Polni	Voll.
Pleurer	Plakâtt	Weinen.
Pleuvoir	Dogeditt	Regnen.
Plomb	Sviniétz	Bley.
Pluie	Dogix	Regen.
Plume	Pèrò	Feder.
Pluriel	Mnogestennoé	Vielfachezahl.
Plus	Bolché; Bolïé	Mehr.
Plusieurs	Mnogui	Mehrere.
Poche	Karmánn	Tasche.
Poêle à frire	Sкavrada	Pfanne.
Poêle (fourneau)	Pettche	Ofen.
Poids	Vess	Gewicht.
Poids (au)	Vesomm	Nach dem Gewichte.
Poignard	Kinnjal	Dolch.
Poinçon	Bouraf	Bohrer.
Poing	Keulak	Faust.
Point du tout	Nikak nïett	Gar nicht.
Pointe	Ostrié	Spitze.
Pointe (petit clou)	Guevosdittcheka	Nægelchen.
Poire	Groucha	Birne.
Poireau	Louk	Lauch.
Pois (légumes)	Garok	Erbsen.

Français.	Russe.	Allemand.
Poison	Iad	Gift.
Poisson	Riba	Fisch.
Poitrail	Nagroudnik	Brust.
Poitrine	Grôud	Brust.
Poivre	Péretz	Pfeffer.
Poivrier	Pèrechenitza	Pfefferkanne.
Poix	Smola	Harz; Pech.
Poli (uni)	Gladki	Glatt.
Pologne	Polcha	Polen.
Polonais (adj.)	Polski	Polnisch.
Polonais (un)	Polak	Polack.
Pomme	Iabloko	Apfel.
Pommes de terre	Kartofli; Zemmlènòi Iabloki	Kartoffel; Grund-birne.
Pont	Most	Brücke.
Pont de bateaux	Givòi Most	Schiffbrücke
Porcelaine	Farfor.	Porzelann.
Porte (la)	Dvèri	Thür.
Porte (grande)	Varata	Thor; Pforte.
Porte-manteau	Tchémodann	Mantelsack.
Porter	Nossitt	Tragen.
Portion	Porttsiônn	Portion.
Portrait	Portrêtt	Portrait.
Poser	Palagitt; Siditt	Stellen; Setzen.
Posséder	Imétt	Besitzen; Haben.
Possible	Mogeno	Mœglich.
Possible (est-il)	Mogeno li	Ist es mœglich.
Poste (le)	Karàoul	Posten; Wache.
Poste (la)	Pottchetammt	Post; Posthaus.
Poste aux chevaux	Pottchetovòi dvor	Pferdepost.
Poste aux lettres	Pismènaïa pottcheta	Briefpost.
Poste (station)	Stanatzia	Poststation.
Postillon	Iammchik	Postillion.
Pot	Gorchok	Topf.
Pot à graisse	Lagounn	Schmiereymer.
Pot de chambre	Ourilnik	Nachttopf.
Poteau	Vèréïa	Pfoste.
Potier	Gorchètchennik	Tœpfer.
Pou	Voche	Laus.
Poudre à poudrer	Porochok	Puder.

Français.	Russe.	Allemand.
Poudre à tirer	Porok	Pulwer ; schiesspulwer
Poule	Kourittza	Huhn.
Poulets	Tziplati	Junge Hühner.
Pouls (le)	Poulss	Puls.
Pour	Dla	Für.
Pour cela	Dla Tovo	Dafür.
Pourquoi	Za tchem	Warum.
Poursuivre	Dogonàtt	Verfolgen.
Pousser	Tolkàtt	Stossen.
Poussière	Pil	Staub.
Poutre	Brouss ; Brevno	Balken.
Pouvoir (le)	Sila	Macht.
Pouvoir (verbe)	Vosmogàtt ; mogètt	Kœnnen.
Prairie ; pré	Loug ; Louk	Wiese.
Précipice	Propast	Abgrund.
Premièrement	Vnattchalé	Erstens.
Prendre	Snimàtt ; Vetzàtt	Nehmen.
Près	Bliski	Nahe ; Bey.
Présence (en)	Pri	In Gegenwart.
Présent (don)	Padarok	Geschenk.
Prêt (disposé)	Gotovi	Fertig ; Bereit.
Prêter	Tzanimàtt	Leihen.
Prêtre	Pop	Priester.
Prévoyant	Opasno	Vorsichtig.
Prier (dire des prières)	Moliitsa	Bethen.
Prier ; inviter	Prossìtt	Bitten.
Prière de dévotion	Molitiva	Gebeth.
Prière ; invitation	Prochénié	Bitte.
Prince	Knétz	Fürst ; Prinz.
Principalement	Ossoblivo	Besonders.
Printemps	Vessna	Frühling.
Prison	Tiourma	Kerker.
Prisonnier	Plennik	Gefangener.
Prix	Tzéna	Preis.
Profit	Bariche	Profit.
Profond	Glouboki	Tief.
Proie	Zdobittche	Beute ; Raub.
Promenade	Goulanié	Spatziergang.
Promener (se)	Prokalivàtsa	Spatzieren gehen.
Prononcer	Vigavaritt ; Prôisnossitt	Aussprechen.

Français.	Russe.	Allemand.
Prononciation	Vigavor	Aussprache.
Propre ; net	Tchisti	Rein ; Sauber.
Provision	Zapass	Vorrath.
Prudent	Ostorogeni	Klug ; Behutsam.
Prune	Sliva	Pflaume.
Pruneau	Tchernoslif	Trockene zwetschken.
Prusse	Proussia	Preussen.
Prussien	Proussak	Preusse.
Puanteur	Vonn	Gestank
Puce.	Bloka	Floh.
Puer	Vonatt	Stin en.
Puits	Kolodess	Pfütz ; Brunnen.
Punaise	Klop	Wanze ; Wandlaus.
Punch	Pomche	Punsch.
Punir	Nakazâtt	Strafen.
Punition	Nakazanié	Strafe.
Pupitre	Poulte	Pult.

Q

Français.	Russe.	Allemand.
Quand	Kokda	Wann.
Quantième	Tchislo	Wiévielste : Datum.
Quantité	Mnogestvo	Menge.
Quarante livres (poids de)	Poude	Pud (40 pfund).
Quartier	Kouartiéra	Quartier.
Quatre-temps	Post	Fastag.
Que	Tcheto ; Cheto	Dass.
Quel	Kto	Welcher.
Quel (le)	Katori ; Kto	Was fur einer.
Quelque chose	Tchèvo Niboud	Etwas.
Quelque fois	Inokda	Etlichemal ; Zuweilen.
Quelques uns	Nokotori	Einige.
Quelqu'un	Nikto ; Tchougi	Jemand.
Querelle	Spor	Streit ; Zank.
Question	Vopross	Frage.
Queue d'animal	Kossa	Schweif ; Schwanz.
Queue de la tête	Kvost	Haarzopf.
Qui	Kto ; Kakôi	Wer.
Qui (à)	Komou	Wem.

L

Français.	Russe.	Allemand.
Quintal	Tzenner	Zentner.
Quittance	Rospiska	Quittung.
Quoi	Kto ; Cheto	Was.

R

Français.	Russe.	Allemand.
Raboter	Strogàtt	Hobeln.
Raccommoder	Popravìtt	Aubessern ; Flicken.
Racine	Korenn	Wurzel.
Raifort	Rièdka	Meerrettig.
Raisin	Vinograd	Traube.
Raisin de corinthe	Izoumm	Rosine.
Ráison	Razoumm	Verstand ; Vernunft ; Recht.
Raisonnable	Razoumni	Verstændig.
Rame	Veslo	Ruder.
Ramer	Gresti	Rudern.
Rang	Tchinn	Rang.
Ranger	Pribiratt ; Oubiràtt	Aufraümen.
Rare	Redko	Selten.
Rarement	Redki	Selten.
Raser (se)	Britt	Barbieren.
Rasoir	Brìttva	Bartmesser.
Rassasié	Sïtt ; Sìtti	Satt.
Rassembler	Sbiràtt	Sammeln.
Rat	Krissa	Ratte ; Ratze.
Rave	Radìska	Rettig ; Radieschen.
Rayon de roue	Spittza	Radspeiche.
Rebelle	Bountovchik	Aufrührer ; Widerspenstig.
Reçevoir	Polouttchìtt	Bekommen ; Empfangen.
Réchauffer	Podogrètt	Aufwærmen
Réciproquement	Vettzamni	Wechselseitig.
Récolter	Iàtt	Ærndten.
Récompense	Nagragedènié	Belohnung.
Récompenser	Nagragedàtt	Belohnen.
Reconnaissance	Blagòdarnost	Dankbarkeit.
Recrue	Rékroutt	Rekruten.
Recrutement	Nabòr	Rekrutirung.

Français.	Russe.	Allemand.
Redingotte	Sertouk	Ueberrock.
Regarder	Smotrètt	Schauen.
Régiment	Polk	Regiment.
Règle (maxime)	Pravilo	Regel.
Règle (pour rayer)	Lineïka	Lineal.
Réglisse	Salottskoï Korenn	Süssholz.
Reine	Koroleva	Kœniginn.
Relais	Podvoda	Vorspann.
Relieur de livres	Péréplettchik	Buchbinder.
Religion	Véra; Zakonn	Religion.
Remarquer	Primettchâtt	Bemerken.
Remède	Lékartsvo; Slabitelni	Arzeney; Laxiermittel.
Remercier	Blagodaritt	Danken.
Remise (grange)	Saraï	Remise.
Rempart	Val	Wall.
Renard	Lissidza	Fuchs.
Rencontrer	Strettchâtt	Begegnen.
Rendre (se)	Vélittchâttsa	Sich ergeben.
Rênes	Povodi	Zügel.
Renfort	Oumnogénié	Verstærkung.
Renommée	Pokvala; Slava	Ruhm.
Rentes, revenus	Dokodi	Renten; Einkünfte.
Repas	Pir; Kouchani	Mahlzeit.
Repentir	Raskàïanié	Reue.
Répondre	Ottvéttchâtt	Antworten.
Réponse	Ottvétt	Antwort.
Repos	Pokoï; Chavache	Ruhe; Feyerabend.
Reposer	Léjâtt; Pottchivâtt	Liegen; Ruhen.
Résine	Smola; Smol	Harz; Pech.
Respect	Pottcheténié	Ehrfurcht.
Ressort; juridiction	Vladénié; Oblast	Gebieth.
Ressort d'acier	Meitnik	Stahlféder.
Rester	Ostâttsa	Bleiben.
Rétine (étoffe)	Bàika	Fries.
Retourner	Povorotitt	Zurückgehen.
Retraite	Ottstoupp; Zora	Rückzug; Zap-fenstreich.
Réveiller (se)	Prosnouttsa	Aufwachen.
Rêve	Senn	Traum.
Rêver	Snittsa	Træumen.

Français.	Russe.	Allemand,
Révérence	Poklonn	Gruss ; Reverenz.
Revers d'habit	Obchelague	Aufschlæge.
Révolte	Bount	Aufstand ; Empœrung
Révolté	Bountovchik	Rebell.
Revue	Smotri	Musterung.
Rhubarbe	Rébenn	Rhabarber.
Rhume	Kachel	Husten.
Rhume de cerveau	Nasmork	Schnupfen.
Riche	Bogati	Reich.
Rideau	Zanavèss ; Chirmé	Vorhang.
Rien	Nittchèvo	Nichts.
Rincer	Vipoloskått	Ausspülen.
Rire	Smiåttsa	Lachen.
Rivage	Bérèche ; Bèrek	Ufer.
Rival	Sopernik	Nebenbuhler.
Rivière	Raka	Fluss.
Riz (du)	Sarattchinnskôé pechéno	Reis.
Robe	Ioupka	Rock ; Kleid.
Robe-de-chambre	Chelafrok	Schlafrock.
Rognon	Pottcheka	Niere.
Roi	Korol	Kœnig.
Rompre	Lomått	Brechen.
Rond	Krougueli	Rund.
Ronfler	Grapétt	Schnarchen.
Rose	Roza	Rose.
Roseau	Trost	Rohr ; Schilf.
Rosée	Rossa	Thau.
Rossignol	Solovéï	Nachtigall.
Rôti (le)	Jarkova ; Jarkoé	Braten.
Rôtir	Jaritt	Braten.
Rôtisseur ; traiteur	Karttchevnik	Garkoch.
Roue	Kolesso	Rad.
Rouge	Krassni	Roth.
Route	Doroga	Strasse ; Weg.
Route (grande)	Bolchaïa doroga ; Sloboda	Landstrasse.
Royaume	Gossoudarstvo ; Korolevstvo	Reich.
Ruban	Lennta	Band.

Français.	Russe.	Allemand.
Rue	Oulittza	Strasse; Gasse.
Ruisseau	Routtcheï	Bach.
Rum	Romm	Rum.
Ruse	Kitrost	List.
Russe (un)	Rossianinn; Rouss	Russ.
Russie	Rossia	Russland.

S

Sable	Pessok	Sand.
Sabre	Sabla; Tessak	Sæbel.
Sac	Mèchok	Sack.
Sage	Oumni	Klug.
Sage-femme	Povivalna Babka	Hebamme.
Saigner	Pouskâtt Krof	Aderlassen.
Sain	Sdarov	Gesund.
Saint	Sviati	Heilig.
Saison	Godovöïé; Vrémia	Jahrszeit.
Salade	Salâtt	Salat.
Salaire	Jalovanié	Lohn.
Sale	Nettchisti	Unrein; Schmutzig.
Salé	Soloni	Gesalzen.
Saler	Solitt	Salzen.
Salière	Solonnka	Salzfass; Salzkanne.
Salle (une)	Zala	Saal.
Salpètre	Sélitra	Salpeter.
Saluer	Klaniâtt	Grüssen.
Salut; Salutation	Poklonn	Gruss.
Sang	Krof	Blut.
Sangle	Podprouga	Gurt.
Sanglier	Borov; Kabann	Wildes Schwein.
Sanglier (du)	Véprina	Wildesschweinfleisch.
Sans	Bètz	Ohne.
Santé	Sdarovié	Gesundheit.
Santé (à votre)	Za vâché sdarovié	Auf ihre Gesundheit.
Saoul (ivre)	Piann	Betrunken.
Sarrasin	Grettcha	Buchweizen; Heidekorn.
Sauce	Soss; Sok	Brühe.
Saucisse	Kolbassa; Sossiska	Bratwurst; Wurst.

Français.	*Russe.*	*Allemand.*
Saumon	Semmga	Lachs ; Salm.
Sauter	Prigâtt	Springen.
Sauvage	Diki	Wild.
Sauvage (bête)	Sver	Wildes Thier.
Savant	Outtchonnì	Gelehrt.
Savoir (verbe)	Snâtt	Wissen.
Savon	Milo	Seife.
Savoureux	V'kousni	Schmackhaft.
Sceau (cachet)	Pettchâtt	Siegel ; Petschaft.
Scélérat	Plouth	Bœsewicht.
Scie	Piła	Sæge.
Science	Nàouka	Wissenschaft.
Scier	Pilìtt	Sægen.
Scrupuleux	Sovestni	Gevissenhaft.
Sculpteur	Reschik	Bildhauer.
Se (pronom)	Sébé ; Sa	Sich.
Seau à eau	Védro	Eimer.
Sec	Souchi	Trocken.
Sécher	Souchìtt	Trocknen.
Sécheresse	Soukota	Trockenheit.
Secours	Pomottche ; Po- mottchenik	Hülfe.
Seigle	Roche	Rocken.
Sein	Titeki ; Pazouka	Busen ; Brust.
Séjour	Rozdik	Rastag.
Sel	Sol	Salz.
Selle	Sedlo	Sattel.
Seller	Sedlâtt	Satteln.
Sellier	Sedelnik	Sattler.
Semaine	Nédéla	Woche.
Semelle	Podocheva	Sohle.
Semence	Sazev	Same ; Saat.
Sentinelle	Tchassovoï	Schildwache.
Sergent-major	Feldfébel	Feldwebel.
Serin (oiseau)	Tchigik	Zeisig ; Kanarievogel.
Serment	Prissaga	Eid ; Schwur.
Serpe	Topor	Beil.
Serpent	Zméïa	Schlange.
Serrure	Zamok	Schloss.
Serrurier	Slesser	Schlosser.

Français.	Russe.	Allemand.
Servante	Sloujannka ; Raba	Magd.
Service	Slougeba	Dienst.
Serviette	Salfettka	Serviette ; Tellertuch,
Servir	Slougitt	Dienen.
Serviteur	Slóuga	Diener.
Seul	Odinn	Allein ; Einzig.
Seulement	Tolko	Nur.
Sévérité	Strogost	Strenge.
Sexe	Rodi ; Pokolénié	Geschlecht.
Si	Kokda	Wenn.
Siècle	Stolétié.	Jahrhundert.
Siège	Ossada	Belagerung.
Siffler	Svistàtt	Pfeifen.
Signature	Podpiska	Unterschrift.
Signe (faire)	Kidàtt	Winken.
Signer	Podpissàtt	Unterschreiben.
Silence	Tichi	Stille
Simple	Prosti	Gemein.
Sincére	Tchistoserdettcheno	Aufrichtig.
Singe	Obèziana	Affe.
Singulier (nombre)	Odisténoé	Einfachezahl.
Singulier	Oudivitelno	Sonderbar.
Société	Artel	Gesellschaft.
Sœur	Sestra	Schwester.
Soi (pronom)	Sébé ; Sa	Sich.
Soie	Cholk	Seide.
Soif	Jajeda	Durst.
Soigneux	Popettchitelni	Sorgfæltig.
Soin	Popettchènié	Sorge.
Soir	Vettcher	Abend.
Soldat	Soldàtt	Soldat.
Solde	Jalovànié	Sold.
Soleil	Solenntzé	Sonne.
Solide	Krepki	Fest ; Stark.
Sombre	Temnï	Finster; Dunkel,
Sommeil	Sonn	Schlaf.
Son (pronom)	Svoï	Sein.
Son (bruit)	Goloss	Klang ; Schall.
Son (farine)	Otroubi	Kleyen.
Sonner	Zèvonitt	Klingen ; Læuten.

Français.	*Russe.*	*Allemand.*
Sonnette	Kolokolchik	Klingel; Schelle.
Sortie	Vipadénié	Ausfall.
Sortir	Vikodìtt	Ausgehen.
Sot	Gloupi	Dumm.
Sou (un)	Kopéka	Sou.
Soucoupe	Tchachcka ; Blou-dottcheko	Unterschale.
Souffler	Doùtt	Blasen.
Soufflet de feu	Mek	Blasebalg.
Souffrir	Snassìtt	Leiden ; Schmerzen.
Soufre (le)	Séra	Schwefel.
Souhaiter	Gèlàtt	Wünschen.
Soulier	Bachemàk	Schuh.
Souliers fourrés	Kinngi	Pelzschuhe.
Soupçon	Podosrénié	Verdacht.
Soupe	Soupp	Suppe.
Souper (le)	Ouginn	Nachtessen.
Souper (verbe)	Ouginàtt	Zu Nacht essen.
Soupirer	Vsikàtt	Seufzen.
Sourcil	Brof	Augenbraune.
Sourd	Glouki	Taub.
Souris (la)	Miche	Maus.
Sous ; dessous	Nà Niss	Unter.
Sous-officier	Ounter-Offitzer	Unterofficier.
Sous-lieutenant	Podporouttchik	Unterlieutenant.
Souvenir (le)	Vespomnìtt	Sich Erinnern.
Souvent	Tchasto	Oft.
Spectacle	Téâter	Theater.
Spectateur	Zéritel	Zuschauer.
Sucre	Sakar	Zucker.
Sucre candi	Lédènèdz	Candiszucker.
Sucrier	Sakarnitza	Zuckerbüchse.
Suer	Potètt	Schwitzen.
Sueur	Pott	Schweiss.
Suif	Salo	Talg ; Unschlitt.
Suisse (la)	Svètzaria	Schweiz.
Superbe	Vèlikolepni	Præchtig.
Supportable	Po malennkou	Leidlich.
Supporter	Snachòutt ; Stradàtt	Vertragen.
Sûr ; certain	Verno	Sicher ; Gewiss.

Français.	Russe.	Allemand.
Sur (préposition)	Nà	Auf.
Suspension d'armes	Pérémirié	Waffenstillstand.

T

Français.	Russe.	Allemand.
Tabac	Tobak	Tabak.
Tabac à fumer	Kouritelni Tobak	Rauchtabak.
Tabac à priser	Nïou atelni Tobak	Snupftabak.
Tabatière	Tabakerka	Tabaksdose.
Table	Stol	Tisch.
Tablier	Pèrednik	Schürze.
Tache	Pettno	Flecken.
Taie d'oreiller	Navolottcheka	Kissenzüge.
Taille du corps	Stann; Rost	Tracht; Wuchs.
Tailler une plume	Pèro ottchinìtt	Eine Feder schneiden.
Tailleur	Porttnòi	Schneider.
Taire (se)	Moltchàtt	Schweigen.
Tafetas	Tafta	Taffet.
Talon	Kablouk; Piattka	Ferse.
Tambour; caisse	Bàràbann	Trommel.
Tambour (le)	Bàràbannchik	Trommelschlæger.
Tambour-major	Polkovoï Bàràbann-chik	Regimentstrommel-schlæger.
Tanche	Linn	Schleihe.
Tanneur	Kojevnik	Gærber.
Tante	Tïottka	Tante.
Tant-mieux	Temm-louttché	Desto besser.
Tant-pis	Temm kougé	Desto schlimmer.
Tard	Posdni	Spæt.
Tarte	Sladki; Pirogui	Torte.
Tasse	Tchacha	Tasse; Schale.
Taupe	Krott	Maulwurf.
Taureau	Vol	Stier.
Teinturier	Krassilschik.	Færber.
Témoignage	Svidételstvo	Zeugniss.
Tems (moment)	Vréma	Zeit.
Temps (de l'ath-mosphère	Pogoda	Wetter.
Tenailles	Klechechi	Zange.
Tenir debout (se)	Stòitt	Stehen.

M

Français.	*Russe.*	*Allemand.*
Tente	Palattka	Zelt.
Terre (la)	Zemĺa	Erde
Terre glaise	Glina	Lehm.
Tête (la)	Goĺova	Kopf.
Tétine	Vima	Euter.
Thé	Tcheï	Thee.
Théière	Tcheïnik	Theekanne.
Thermomètre	Termomètre	Thermometer.
Timbales	Litavra	Pauken.
Timon	Dichelo	Deichsel.
Tire-bottes	Slouga	Stiefelknecht.
Tirer à poudre	Strélatt	Schiessen.
Tireur	Stréletz	Schütz.
Tiroir	Iachechik	Schublade.
Tison	Golovna	Brand.
Tisserand	Tékattche	Leinenweber ; Weber.
Toile	Polottno ; Kolst	Tuch.
Toile cirée	Kléonnka	Wachstuch.
Toile peinte	Nabòika	Kattun.
Toile de coton	Vibòika	Baumwollentuch
Toit	Krovla	Dach.
Tombeau	Grobnitza	Grabmahl.
Tomber	Padâtt ; Oupast	Fallen.
Tondre	Strittche	Scheren.
Tonneau	Bottcheka ; Kadka	Fass.
Tonnelier	Bottchar ; Obroutt- chenik	Fassbinder.
Tonnerre	Gromm	Donner.
Torchon	Trapittza	Lumpen.
Tortue	Tchérèpaka	Schildrkrœte.
Totalement	Safsemm	Gænzlich.
Toucher (verb.)	Trogâtt	Fühlen ; Rühren.
Toujours	V'sekda	Immer.
Tour (la)	Bachena	Thurm.
Tour à filer	Samopralka	Spinnrad.
Tourment	Mouka	Qual ; Plage.
Tourmenter	Zamouttchitt	Qualen ; Plagen.
Tourneur	Tokar	Drechsler.
Tous	Vèski	Alle.
Tous les deux	Oba	Alle beide.

Français.	Russe.	Allemand.
Tousser	Kachelått	Husten.
Tout de suite.	Tottchass; Seïtchàss	Gleich.
Traducteur	Pèrévodchik	Uebersetzer.
Traduction	Pèrévod	Uebersetzung.
Traduire	Pèrévodìtt	Uebersetzen.
Trahison	Itzmèna	Verrætherey.
Traineau	Sani	Schlitten.
Tranquille	Pokòini	Ruhig.
Transport	Privoss	Transport.
Travail	Rabotta	Arbeit.
Travailler	Rabotått	Arbeiten.
Travers (de)	Koss; Popérek; Krivi	Schief; Quer.
Traversin	Pèrina	Kopfpfühl.
Trefle de cartes	Geloudi	Kartenkreuz.
Trefle (herbe)	Trilistnik	Klee.
Treille	Bésedka	Laube.
Trembler	Drojått	Zittern.
Très	Ottchenn	Sehr.
Tresse	Kevost	Zopf.
Trève (une)	Pérémirié	Waffenstillstand.
Tricoter	Vasått; Plesti	Stricken.
Tringueldes	Denngui nà Vodkou	Trinkgeld.
Tripe	Kicheki	Kaldaunen.
Triste	Pettchalni	Traurig.
Tromper	Obmànoùtt	Betrügen.
Trompette (la)	Trouba	Trompete.
Trompette (le)	Troubattche	Trompeter.
Trompeur (le).	Obmannchik	Betrüger.
Trône	Presstol	Thron.
Trop	Slichekomm	Zu viel.
Trou	Dira	Loch.
Trouble (pas clair)	Mouttni	Trübe.
Troupeau	Stado	Herde.
Trouvaille	Nakodka; Vidoumka	Fund.
Truie	Souporossa	Sau.
Truite	Forèl	Forelle.
Trouver	Nagodìtt	Finden.
Tu (pronom)	Ti	Du; Dich.
Tuer	Oubìtt; Oumerttvìtt	Tœdten.
Tuer avec un fusil	Zastrélitt	Erschiessen.

Français.	_Russe._	_Allemand._
Tuile	Tchérépittsa	Ziegelstein.
Tumeur	Chicheka	Beule.
Tumulte	Trévoga	Getümmel.
Turc	Tourok	Türk.
Tuyau de pipe	Tchoubouk	Pfeifenrohr.

U

Ulcère	Iasva	Geschwür.
Uni	Gladki	Glatt.
Uniforme	Mountir	Montur.
Unique	Odinn	Einzig.
Univers	Mir; Svett	Die ganze Welt.
Un jour	Nekokda; Odnagédi	Ein Tag.
Urine	Mottcha	Urin.
Uriner	Patitt; Settsàtt	Pissen.
Usage	Obittcheï	Gebrauch.
Ustensile	Possouda	Geschirr; Geræth.
Utile	Polesni	Nützlich.
Utilité	Polza	Nutzen.

V

Vache	Karova	Kuh.
Vainqueur	Pobïéditel	Ueberwinder.
Vaisseau	Korable	Schiff.
Valet	Slouga	Knecht.
Valet de cartes	Slann; Valett	Kartenbauer; Bube.
Valise	Tchémodann	Felleisen.
Vallée	Dolina	Thal.
Valoir	Stòitt	Gelten.
Vapeur	Dimm; Ougar; Par	Dampf.
Va-t'en	Prottche; Vonn	Geh; Fort.
Vaurien	Besdelnik	Taugenichts.
Vautour	Korchounn	Geyer.
Veau	Tèlènok	Kalb.
Veine	Gila	Ader.
Velours	Barkâtt	Sammet.
Vendange	Sobiranié vinográd	Herbst; Weinlese.
Vendre	Prodovâtt	Verkaufen.

Français.	Russe.	Allemand.
Venez	Podité	Kommen sie.
Vengeance	Mechechénié	Rache.
Venir	Boudítt ; Prigodítt	Kommen.
Vent	Véter	Wind.
Ventre	Brouko ; Jivott	Bauch.
Ver	Tcherv	Wurm.
Verbe	Glagola	Zeitwort.
Verd	Zéléni	Grün.
Verge	Rosga ; Proutt	Ruthe.
Vérité	Istina ; Pravda	Wahrheit.
Vermicelle	Lopcha ; Vermittchéla	Faden Nudeln.
Verre (gobelet)	Stakann ; Roumka	Glas ; Becher.
Verre (du)	Steklo	Glas.
Verrou	Zapor.	Riegel.
Vers de poésie	Stichi	Vers.
Verser à boire	Nalitt	Einschenken.
Vertu	Dobrodétel	Tugend.
Vessie	Pouzir	Blase.
Veste	Kamsol	Weste.
Vétérinaire	Konoval	Vieharzt
Veuf	Vedovetz	Wittwe.
Veuve	Vedova	Wittwer.
Viande	Miesso ; Masso	Fleisch.
Viande de bœuf	Govédina	Rindfleisch.
— de cochon	— svinina	Schweinfleisch.
— de mouton	— Baranina	Hammelsfleisch.
— de veau	— télatina	Kalbfleisch.
— salée	— salanina	Gesalzenesfleisch.
Vice	Porok	Laster.
Victoire	Pobèda	Sieg.
Vide	Pousti ; Porogeni	Leer.
Vie	Gizenn	Leben.
Vieillard	Starik ; Starètz	Greis.
Viens ici	Podi souda	Komm her.
Vieux	Stari	Alt.
Vieux-oing	Salo ; Gir ; Dègott	Wagenschmiere.
Vif	Skori ; Jivòi ; Silni	Lebhaft.
Vif-argent	Retoûtt	Quecksilber.
Vigne	Vinogradnaïa ; Loza	Weinrebe.
Vilain	Gadki	Hæsslich.

Français.	Russe.	Allemand.
Village	Dèrevna	Dorf.
Ville	Gorod	Stadt.
Vin	Vino	Wein.
Vinaigre	Ouksouss	Essig.
Vin blanc	Béloé Vino	Weisser Wein.
Vin rouge	Krasnoé Vino	Rother Wein.
Violer	Nassilovâtt; Na-rouchitt	Nothzüchtigen.
Violette	Fïalka	Veilchen.
Violon	Skripka	Geige; Violine.
Vis (la)	Vinnt	Schraube.
Visage	Littzo	Gesicht.
Vis-à-vis	Nà protif	Gegen über.
Viser	Tsélitt	Zielen.
Visible	Vidimi	Sichtbar.
Visite	Posséchechénié	Besuch.
Visiter	Possètitt	Besuchen.
Vite	Provorni; Skoro	Geschwind.
Vitre	Steklo	Fenster.
Vivacité	Pilkost	Lebhaftigkeit.
Vivandier	Markitannt	Marketender.
Vivant	Givi	Lebendig.
Vivre	Gitt	Leben.
Vivres (les)	Karttche; Pichetcha	Lebensmittel;Proviant
Vocabulaire	Slovar	Wortverzeichniss.
Vocation	Svanié	Beruf.
Voilà	Vott	Da ist
Voile (la)	Parouss	Segel.
Voile (le)	Zaviessa	Schleyer.
Voir	Vidètt	Sehen.
Voisin	Sossed; Prisselnik	Nachbar.
Voit (on)	Vidno	Man sieht.
Voiture	Télèga; Koliaska	Wagen.
Voiture d'équipage	Foura	Packwagen.
Voiturier	Isvottchik	Fuhrmann.
Voix	Goloss; Glass	Stimme.
Vol (larcin)	Rosbòi; Kraja	Diebstahl.
Volage	Vittrèni	Flatterhaft.
Volaille	Givnost	Geflügel
Voler	Krasti	Stehlen.

Français.	Russe.	Allemand.
Voler en l'air	Létitt	Fliegen.
Volets	Stavni	Fensterladen.
Voleur	Vor; Rasbòinik	Dieb.
Volonté	Vola	Wille.
Volontiers	Da; Isvolté	Gern.
Volupté	Slastoloubié	Wohllust.
Vomir	Blévàtt	Uebergeben; Sich brechen.
Vouloir	Kotitt; Isvolitt	Wollen.
Voyage	Poutéchestvié; Pogod; Poùtt	Reise.
Voyager.	Poutéchestvovàtt	Reisen.
Vrai	Istini; Pravdivi	Wahr.
Vraisemblable	Pravdopodobni	Wahrscheinlich.
Vue (la)	Zèrènié	Gesicht.
Vue (aspect)	Vid; Prospett	Aussicht.

Y

Yeux	Glaza	Augen.

Z

Zèle	Bodrost; Rovnost	Eifer.
Zélé	Bodri	Eiferig.
Zéro	Nol	Null.
Zibéline (martre)	Sobol	Zobel; Marder.

&

&c.	I prottchié	Und so weiter; etc.

DICTIONNAIRE

RUSSE-FRANÇAIS-ALLEMAND.

~~~~~~◇◆◇~~~~~~

A

Russe.	Français.	Allemand.
A	Et	Und.
Ad	Enfer	Hœlle.
Aglittchaninn	Un Anglais	Englænder.
Aguenètze	Agneau	Lamm.
Aïst	Cigogne	Storch.
Aïva	Coing	Quitte.
Almaz	Diamant	Diamant.
Amanâtt	Otage	Geissel.
Ammbar	Grenier	Speicher.
Aniss	Anis	Anis.
Anugiel	Ange	Engel.
Annglia	Angleterre	England.
Apelsinn	Orange	Pomeranze.
Aprikoss	Abricot	Aprikose.
Aptéka	Pharmacie	Apotheke.
Aptekar	Apoticaire	Apotheker.
Arab	Nègre	Mohr.
Archîne	Demi—aune	Elle; Stab.
Arfa	Harpe	Harfe.
Artel	Compagnie	Gesellschaft.
Artichoka	Artichaut	Artischoke.
Aspidnoï kamenn	Ardoise	Schiefer.
Assignàtsïa	Billet de banque	Banknote.
Avoss	Peut-être	Vielleicht.
Avstria	Autriche	Oesterreich.
Avstrietz	Autrichien	Oesterreicher.
Azbouka	A, b, c	A, b, c.

B

Russe.	Français.	Allemand.
Baboucheka	Grand'mère	Grossmutter.
Bachemachenik	Cordonnier	Schuhmacher.
Bachemak	Soulier	Schuh.
Bachena	La tour	Thurm.
Bàika	Rétine (étoffe)	Fries.
Banïé	Salle de bains	Badestube.
Banna	Baignoire	Badewanne.
Bàràbann	Tambour (caisse)	Trommel.
Bàrabannchik	Tambour (celui qui bat le)	Trommelschlæger.
Baranina	Viande de mouton	Hammelsfleisch.
Barann	Mouton	Hammel.
Bariche	Profit	Profit.
Barichitt	Gagner	Gewinnen.
Barka	Barque	Barke.
Bàikàtt	Velours	Sammet.
Barsouk	Blaireau	Dachs.
Batalia	Combat; Bataille	Schlacht; Treffen.
Battéréà	Batterie	Batterie.
Bazàr	Le marché	Markt.
Béchéni	Insensé	Unsinnig.
Béda	Besoin; Misère	Noth; Elend.
Bednï	Pauvre	Arm.
Bédra	Cuisse	Schenkel.
Bédro	Hanche	Hüfte.
Bégàtt	Courir	Laufen.
Békass	Bécasse	Schnepfe.
Békett	Un piquet	Pfahl.
Béli	Blanc	Weiss.
Bélilo	Céruse	Bleyweiss.
Bélio-polottno	Linge	Leinwand.
Belka	Écureuil	Eichhœrnchen.
Beloè vino	Vin blanc	Weisser Wein.
Berek (bèréche)	Rivage; Bord	Ufer.
Bèréza	Bouleau	Birke.
Besdelnik	Vaurien	Taugenichts.
Besdelnitsa	Bagatelle	Kleinigkeii.
Bèsedkà	Treille; Loge de jardin	Laube; Lusthaus.
Bètz	Sans	Ohne.

Russe.	Français.	Allemand.
Betzdelnik	Coquin	Spitzbube.
Bezpokòistvo	Inquiétude	Unruhe.
Bièchenni	Furieux	Wüthend.
Billett	Billet	Billet; Zettel.
Bïouro	Bureau	Büreau; Schreibstube.
Bitt	Être; Battre	Seyn; schlagen.
Blâd ; bladka	Fille publique	Hure.
Blagodaritt	Remercier	Danken.
Blagodarnost	Reconnaissance	Dankbarkeit.
Blagodarou	Merci	Dank; Ich danke.
Blagorodnï	Noble	Adelig; Edelmann.
Blagottchestivï	Pieux; Dévot	Fromm.
Bliski; Blisko; Bliz	Près; auprès	Nahe; Bey.
Bloka	Puce	Floh.
Bloudo	Écuelle; Mets; Plat	Napf; Speise; Schüssel
Bloudottcheko	Soucoupe	Unterschale.
Bobi	Fèves	Bohnen.
Bodri	Courageux; Zèlé	Muthig; Eiferig.
Bodrost	Courage; Zèle	Muth; Eifer.
Bòévòé polé	Champ de bataille	Schlachtfeld.
Bogatii	Riche	Reich.
Bòïaslivi	Craintif	Furchtsam.
Bòïattsa	Craindre	Fürchten.
Bòïouss (ia)	Je crains	Ich furchte.
Bojé moï	Mon Dieu	Mein Gott.
Bok; Bogue	Dieu	Gott.
Bok	Le côté	Seite.
Bol	Douleur	Schmerz.
Bolchaïa doroga	Grande route	Landstrasse.
Bolché	Plus; Plus grand	Mehr; Groesser.
Bolchia Tchassi	Horloge; Pendule	Hausuhr; Wanduhr.
Bolchoï	Grand; Plus grand	Gross; Groesser.
Bolesne	Maladie	Krankheit.
Bolïé	Plus	Mehr.
Bolitt	Être malade	Krank seyn.
Bolni	Malade	Krank
Boloto	Bourbier; Marais	Pfütze; Sumpf.
Boltounn	Bavard	Schwætzer.
Bommba	Bombe	Bombe.
Bòròda	Barbe	Bart.

Russe.	*Français.*	*Allemand.*
Borona	Herse	Egge.
Borov	Sanglier	Wildes Schwein.
Bottchar	Tonnelier	Fassbinder.
Bottcheka	Tonneau	Fass.
Boubni	Carreaux de cartes	Eckstein.
Bouditt	Aller; Venir	Gehen; Kommen.
Boudka	Guérite	Schilderhaus.
Bougor	Colline; Coteau	Hügel.
Boùivol	Buffle	Büffel; Auerochs.
Boukva	Lettre de l'alphabet	Buchstab.
Boulavka	Épingle	Spingel; Stecknadel.
Boumaga	Papier	Papier.
Bount	Révolte	Empœrung; Aufstand.
Bountovchik	Rebelle; Récalcitrant	Aufrührer; Wider-spenstig.
Boura	Tempéte; Orage; Ouragan	Ungewitter.
Bouraf	Perçoir; Poinçon	Bohrer.
Bourlak	Un drôle	ɪ erl.
Bourgomister	Maire	Bürgermeister; Maire.
Boutilka	Bouteille	Bouteille; Flasche.
Branitt	Gronder	Schmæhlen.
Branittsa	Injurier	Schimpfen; Schelten.
Brann	Querelle	Zank.
Brevno	Poutre	Balken.
Britt	Se raser	Barbieren.
Brittva	Rasoir	Bartmesser.
Brittvennik	Plat à barbe	Barbierbecken.
Brof	Sourcil	Augenbraune.
Broukatâïa	Grosse; Enceinte	Schwanger.
Brouko	Ventre	Bauch.
Broukva	Choux-raves	Kohlrabi.
Brouss	Poutre	Balken.

C

Campània	Campagne militaire	Campagne; Feldzug.
Châar	Balle	Kugel.
Chague	Le pas	Schritt.
Chaki	Dés à jouer	Würfel.

Russe.	Français.	Allemand.
Châla	Cabane	Hütte.
Chàtitt	Badiner	Scherzen.
Chantzi	Fortification ; Batterie	Schanze ; Festung.
Chapka	Bonnet de nuit	Schlafkappe.
Chastiè	Bonheur	Glück.
Chavache	Fin de la journée	Feyerabend.
Chèbrati	Guêtres	Gamaschen
Chéglénok	Chardonneret	Distelfink.
Chéïa	Cou	Hals.
Chéka	La joue	Backen.
Chekaf	Armoire	Schrank.
Chekola	École	Schule.
Chelafrok	Robe-de-chambre	Schlafrock.
Chelapa	Chapeau	Hut.
Chelapnik	Chapelier	Hutmacher.
Chemel	Ivresse	Rausch ; Trunkenheit.
Chepaga	Épée	Degen.
Chepiônn	Espion	Spion.
Cheporï	Éperon	Sporn.
Chérenga	Ligne	Linie ; Zeile.
Cherst	Laine	Wolle.
Chestlivi	Heureux	Glücklich.
Chetab	État-major	Stab.
Chetani	Culottes	Hosen.
Chetik	Bayonnette	Bayonnett.
Chetrak	Peur ; Crainte	Furcht.
Chicheka	Tumeur ; Bosse	Beule.
China	Bande de roue	Radschiene.
Chirmé	Rideau	Vorhang.
Chiroki	Large	Breit.
Chiptzi	Mouchettes	Lichtputze.
Chislo	Date ; Quantième	Datum.
Chitâtt	Compter	Rechnen ; Zæhlen.
Chitri	Fin ; Rusé.	Schlau.
Chitt	Coudre	Næhen.
Chof	Couture	Nath.
Chokolatt	Chocolat	Schokólate.
Cholk	Soie	Seide.
Chommpol	Baguette de fusil	Ladestock.
Chott	Compte ; Mémoire	Rechnung.

CHO

Russe.	Français.	Allemand.
Chottka	Brosse	Bürste.
Chouba	Fourrure; Pelisse	Pelz.
Chouka	Brochet	Hecht.
Choumétt	Faire du bruit	Lærmen.
Chourinn	Beau-frère	Schwager.
Choutttt	badiner	Scherzen.
Chouttka	Badinage; Plaisanterie	Scherz; Spass.
Chto	Que; Quoi	Dass; Was.
Chvéa	Couturière	Næherinn.

D

Da	Oui	Ia.
Dalché	Plus loin	Weiter.
Daloko	Loin	Weit.
Dàtt	Donner	Geben.
Davàtt	Donner	Geben.
Déchévi	Bon marché	Wohlfeil.
Déd	Grand père	Grossvater.
Dègáli	Difficile	Schwer.
Dègott	Graisse; Vieux-oing; Cambouis	Fett; Wagenschmiere.
Dèlitt	Partager	Theilen.
Denn	Jour	Tag.
Dènngui	Argent (monnoie)	Geld.
Dennguí nà vodkou	Tringueldes	Trinkgeld.
Dèrevna	Village	Dorf.
Dèrévo	Arbre	Baum.
Dern	Gazon	Wasen.
Desti	Main de papier	Buchpapier.
Détia	Enfant	Kind.
Dèvidza	Fille; Demoiselle	Mædchen; Jungfer.
Diavol	Le diable	Teufel.
Dichelo	Timon	Deichsel.
Diédoucheka	Oncle	Oheim.
Diélâtt	Faire	Machen; Thun.
Dièvka	Fille; Demoiselle	Mædchen; Jungfer.
Dikanié	Haleine	Athem.
Diki	Sauvage	Wild.
Dimm	Vapeur; Fumée	Dampf; Rauch.

Russe.	Français.	Allemand.
Dinïa	Melon	Melone.
Dira	Trou	Loch.
Dittchinn	Gibier	Wildpret.
Dla	Pour	Für.
Dla tovo	Pour cela	Dafür.
Dlina	Longueur	Länge.
Dò	A ; Jusque	Zu ; Bis.
Dobrata	Bonté	Güte.
Dobré	Bien ; Bon ; Brave	Wohl ; Gut ; Braver.
Dobrodétel	Vertu	Tugend.
Dogeditt	Pleuvoir	Regnen.
Dogik	Pluie	Regen.
Dogodâttsa	Deviner	Rathen ; Errathen.
Dogonâtt	Poursuivre	Nachsetzen.
Dogovor	Conférence	Unterredung.
Dokodi	Rentes ; Revenus	Renten ; Einkünfte.
Dolgeni	Il convient	Es gebührt sich.
Dolgeno	Il faut	Man muss.
Dolgenost	Le devoir	Pflicht ; Schuldigkeit.
Dolgenstvovâtt	Falloir ; Devoir	Müssen ; Sollen.
Dolgi	Long	Lang.
Dolgo	Long-tems	Lange Zeit.
Dolina	Vallée ; Plaine	Thal.
Doloto	Un ciseau	Meissel.
Dômm	Maison ; Bâtiment	Haus ; Gebæude.
Domoï	A la maison	Zu Hause.
Doroga	Route ; Chemin	Strasse ; Weg.
Dorogo	Cher	Theuer.
Dorogoï	Mon cher	Mein lieber.
Doska	Planche	Bret.
Dossada	Chagrin ; Dépit	Werdruss ; Uuwille.
Dostòini	Digne	Würdig.
Dostòinstvo	Mérite	Verdienst.
Dottche	Fille ; (enfant)	Tochter.
Dragounn	Dragon	Dragoner.
Drassnitza	Grimace	Grimasse.
Drevnost	Antiquité	Alterthum.
Drob	Chévrotines	Schrot.
Drojâtt	Trembler	Zittern.

Russe.	Français.	Allemand.
Drosd	Grive	Drossel.
Drougeba	Amitié	Freundschaft.
Drougoï	L'autre ; de l'autre	Anderer.
Drougue	Ami	Freund.
Drouzi Priatel	Parent	Anverwandter.
Drova	Bois	Holz.
Doub	Chêne ; Gland	Eiche ; Eichel.
Doubina	Bâton ; Tricot	Stock ; Knüppel.
Douchâ	Ame	Seele.
Doudka	Flageolet	Flascholet.
Doumâtt	Croire ; Penser	Glauben ; Denken.
Dourak	Imbécile ; Bête ; Sot ; Fou	Dumm ; Esel ; Narr.
Doûtt	Souffler	Blasen.
Dòvolno	Assez	Genug.
Dvèri	La porte	Thür.
Dvòïourodni brâtt	Cousin	Vetter.
Dvor	Cour	Hof.
Dvoraninn	Gentil-homme	Edelmann.
Dvorenstvo	Noblesse	Adel.
Dvorètz	Palais ; Édifice	Pallast.

E

Edva	A peine	Kaum.
Émigrannt	Émigré	Emigrant.
Ess	Avec	Mit.
Estammti	Gravure	Kupferstich.
Etaja	Étage	Stockwerk.

F

Fabrika	Fabrique	Fabrike.
Familia	Famille	Familie.
Fanar	Lanterne	Laterne.
Farfor	Porcelaine	Porzelann.
Fasann	Faisan	Fasan.
Feldfébel	Sergent-major	Feldwebel.
Feldmarchal	Maréchal de camp	Feldmarschal.

Russe.	*Français.*	*Allemand.*
Fenouk	Petit-fils	Enkel.
Fenouttcheka	Petite-fille	Enkelinn.
Fïalka	Violette	Veilchen.
Figui	Figues	Feigen.
Fligenn	Girouette	Wetterhahn.
Flott	Flotte	Flotte.
Forél	Truite	Forelle.
Fount	La livre	Pfund.
Foura	Voiture d'équipage	Packwagen.
Fouria	Furie	Fouria.
Franntzia	France	Frankreich.
Franntzouski	Français	Franzœsisch.
Franntzouss	Un français	Frantzos.
Frassa	Phrase	Phrase; Redensart.
F'siakoï	Chacun	Jeder.

G

Gadki	Laid; Vilain	Hæsslich; Wicht
Gadkost	Laideur	Hæsslichkeit.
Galka	Égout	Dohle.
Galstouk	Cravatte; Mouchoir de cou	Halstuch.
Garok	Pois (légumes)	Erbsen.
Gazetti	Gazette	Zeitung.
Gélàtt	Désirer; Souhaiter	Wünschen.
Gélézo	Fer	Eisen.
Geloudi	Trèfle de cartes	Kartenkreuz.
Géloudok	Estomac	Magen.
Geltche	Bile; Fiel	Galle.
Gelti	Jaune	Gelb.
Gèna	Une femme	Frau.
Génitt	Se marier	Sich heirathen.
Gennàtt	Marié	Geheirathet.
Gennskoï	Féminin	Weiblich.
Gèrébetz	Cheval entier	Hengst.
Gést	Fer-blanc	Blech.
Gèstïanik	Ferblantier	Blechner.
Gide	Juif	Jude.
Gila	Veine	Ader.

Q

GIR

Russe.	Français.	Allemand.
Gir	Cambouis ; Vieux-oing ; Graisse	Wagenschmiere ; Fett.
Girni	Gras	Fett.
Gitel	L'habitant	Einwohner.
Gito	Les grains de la terre	Getreide.
Gîtt	Demeurer	Wohnen.
Gîtt	Vivre	Leben.
Givi	Vivant	Lebendig.
Givnost	Volaille	Geflügel.
Givodar	Écorcheur	Abdecker ; Schinder.
Givôi most	Pont de bateaux	Schiffbrücke.
Givopiss	Tableau	Gemæhlde.
Givopissetz	Peintre	Mahler.
Gizenn	Vie	Leben.
Gladki	Glisant ; Poli ; uni	Glatt ; Eben.
Glagola	Verbe	Zeitwort.
Glaz	OEil	Auge.
Glaza	Yeux	Augen.
Glina	Terre glaise	Lehm.
Glotâtt	Avaler	Schlucken.
Glouboki	Profond	Tief.
Glouki	Sourd	Taub.
Gloupi	Imbécile ; stupide	Dummer Mensch.
Gnoévitza	Fièvre putride	Faules Fieber.
God	An ; Année	Jahr.
Godovôïé vrémia	Saison	Jahrszeit.
Golanndetz	Hollandais	Hollænder.
Gollanndia	Hollande	Holland.
Goli	Nu	Nackend.
Golod	Faim	Hunger.
Goloss	Son ; Bruit	Klang ; Schall.
Goloss	Voix ; Parole	Stimme ; Wort.
Goloub	Pigeon	Taube.
Goloubéïa kraska	Bleu de ciel	Hell blau.
Golova	Tête	Kopf.
Golovna	Tison	Brand.
Golovnaïa bol	Mal de tête	Kopfweh.
Gora	Montagne	Berg.
Gorchetchennik	Potier	Tœpfer.
Gorchôk	Pot	Topf.

Russe.	Français.	Allemand.
Gordé	Fier ; Haut	Stolz.
Gordï	Orgueilleux	Hochmüthig.
Gordost	Orgueil	Hochmuth.
Gordorst	Fierté ; hauteur	Stolz.
Gorettcheka	Fièvre chaude	Hitziges Fieber.
Gorki	Amer	Bitter.
Gorlô	Gorge	Gurgel.
Gornitza	Chambre	Zimmer.
Gorod	Ville	Stadt.
Gospital	Hôpital	Hospital.
Gospodina	Madame	Madame.
Gospodinn	Monsieur	Mein Herr.
Gospoja	Une dame	Eine Dame.
Gossoudar	Monarque	Monarch.
Gossoudarstvo	Empire	Kaiserreich.
Gost	Convive	Gast.
Gotovi	Fini ; Prêt ; Disposé	Fertig ; Bereit.
Gouba	Lèvre	Lippe.
Goubka	Éponge	Schwamm.
Goulanié	Promenade	Spatziergang.
Gouss	Oie	Gans.
Goussoudarstvo	Royaume	Das Reich.
Govoritt	Parler	Reden ; Sprechen.
Govedina	Viande de bœuf ; Bouilli	Rindfleisch.
Grabitt	Piller	Plündern.
Grâd	Grêle	Hagel.
Graf	Comte	Graff.
Gragedàninn	L'habitant	Bürger.
Granadir	Grenadier	Grenadier.
Granitza	Frontière	Grænze.
Grapétt	Ronfler	Schnarchen.
Grèbedz	Batelier	Schiffmann.
Grèbenn	Peigne	Kamm.
Gréfinn	Comtesse	Græffinn.
Grek (grèche)	Péché	Sünde.
Gresti	Ramer	Rudern.
Grettcha	Sarrasin	Buchweizen ; Heidekorn.
Grettchana	Gruau	Grütze.

Russe.	Français.	Allemand.
Griaz	Excrément; Crotte; Boue	Koth; Dreek.
Grib	Champignon	Pilz; Erdschwamm.
Grob	Cercueil; Fosse	Sarg; Grab.
Grobnitza	Tombeau	Grabmahl.
Gromko	Hautement	Frey heraus; Laut.
Gromm	Tonnerre	Donner.
Groubost	Grossièreté	Grobheit.
Groucha	Poire	Birne.
Groud	Poitrine	Brust.
Guedé	Où	Wo; Wohin.
Guénéf	Colère	Zorn.
Guenesdo	Nid	Nest.
Guévodzdika	Clou de girofle	Gewürznægelchen.
Guévosd	Clou	Nagel.
Guévosdénik	Cloutier	Nagelschmied.
Guévosdik	OEillet	Nelke.
Guevosdittcheka	Pointe; Clou	Nægelchen; Nagel.

H

Ha (Ga)	Ha	Ha.
Hélemm	Casque	Helm.
Hettmann	Chef de cosaques	Hettmann.
Hichepanski	Espagnol	Spanier.
Houdo	Mauvais	Schlecht.
Houssar	Hussard	Husar.

I

I	Et; &	Und.
Ia	Moi	Ich.
Iabloko	Pomme	Apfel.
Iablotchenik	Cidre	Trank; Apfelwein.
Iachechik	Tiroir	Schublade.
Iad	Poison	Gift.
Iadro	Boulet	Kugel.
Iagodé	Des mûres	Beeren.
Iaïtzo	OEuf	Ey; Eyer.
Iakor	Ancre	Anker.

Russe.	Français.	Allemand.
Iammchik	Postillon	Postillion.
Iarmarok	Foire	Messe; Jahrmarkt.
Iarmonnka	Foire	Messe; Jahrmarkt.
Iasli	Mangeoire	Krippe.
Iasva	Ulcère	Geschwür.
Iátt	Récolter	Aerndten.
Iattchemenn	Orge	Gerste.
Iazik	Langue de la bouche	Zunge.
Iazik	Langue ; Idiome	Sprache.
Iche	Leur	Ihr.
Iéche	Hérisson	Igel.
Iéchetcho	Encore	Noch.
Ieïchinittza	Omelette	Pfannkuchen.
Iékàtt	Aller en voiture ; Mener	Fahren ; Führen.
Iéker	Chasseur (soldat)	Jæger.
Iesditt verkomm	Monter à cheval	Reiten.
Iéssàoul	Sous chef de cosaques	Unterataman.
Iest	Manger	Essen ; Speisen.
Iéto	En	Davon.
Igla	Aiguille	Nadel.
Igolka	Aiguille	Nadel.
Igolnik	Étui	Nadelbüchschen.
Igott	Pilon	Moersel ; Stoessel.
Igra	Jeu	Spiel.
Igra Kartt	Un jeu de cartes	Kartenspiel.
Igrâtt	Jouer	Spielen.
Ikra	Le mollet	Wade.
Ikra	Frai de poisson	Kaviar.
Ili	Ou ; Ou bien	Oder.
Iméninni	Fète de son patron	Nahmenstag.
Imêtt	Avoir ; Posséder	Haben ; Besitzen.
Imïé	Nom	Nahme.
Impérator	Empereur	Kaiser.
Impératritza	Impératrice	Kaiserinn.
Inako	Autrefois	Vormals ; Vorher.
Indeski Pétouk	Dindon	Wælscherhahn.
Innfanntéria	Infanterie	Infanterie.
Inngénéer	Ingénieur	Ingenieur.
Innozémetz	Un étranger	Ein Fremder.

Russe.	Français.	Allemand.
Inokda	Quelque fois	Etlichemal; Zuweilen.
Inostranni	Étranger	Fremd.
Instroumennt	Outil	Werkzeug.
Iounost	Jeunesse	Jugend.
Ioubka	Robe; Jupe	Rock; Kleid.
I prottchié	& cætera	Und so weiter.
Isdal	De loin	Von ferne.
Isgorivoda	Haie	Hecke.
Iskâtt	Chercher	Suchen.
Iskra	Etincelle	Funke.
Ispodinitza	Jupe; Jupon	Rock; Unterrock.
Ispougâttsa	S'épouvanter	Sich erschrecken.
Ispoved	Confession	Beichte.
Istina	Vérité	Wahrheit.
Isvestié	Une nouvelle	Nachricht; Neuigkeit.
Isvolitt	Vouloir	Wollen.
Isvolté	Volontiers	Gern.
Isvottchik	Voiturier	Fuhrmann.
Italia	Italie	Italien.
Italianetz	Un italien	Italiener.
Itti	Aller; Marcher	Gehen.
Itti vestréchâtt	Aller au devant	Entgegen gehen.
Itzmèna	Trahison	Verrætherey.
Iva	Osier; pâturage	Weide.
Ivest	Chaux	Kalk.
Izoumm	Raisin de corinthe	Rosine.

J

Jaba	Crapaud	Krœte.
Jajeda	Soif	Durst.
Jal	Peine; Douleur	Mühe; Leid; Schmerz.
Jaloba	Plainte	Klage.
Jalovanié	Gage; Paie; Salaire; Solde	Lohn; Gehalt; Sold.
Jalovâttsa	Se plaindre	Sich klagen.
Jar	Chaleur	Hitze.
Jaritt	Rôtir	Braten.
Jarki	Brûlant	Heiss.
Jarkoé; Jarkova	Le rôti	Braten.

Russe.	Français.	Allemand.
Jattva	Moisson	Ærnte.
Javoronok	Allouette	Lerche.
Jemmchougina	Perle	Perle.
Jivott	Ventre	Bauch.
Jôpa	Le derrière	Arsch.
Jouravle	Grue (oiseau)	Kranich.

K

Kabak	Cabaret	Schenke.
Kabann	Sanglier	Wildes Schwein
Kablouk	Talon de soulier	Ferse.
Kacha	Gruau ; Bouillie	Grutze ; Mehlbrey
Kachel	Rhume	Husten.
Kachelâtt	Tousser	Husten.
Kachetani	Marrons ; Chataignes	Maronen ; Kastanien
Kadka	Tonneau ; Tonne	Fæschen.
Kaftann	Habit	Rock ; Kleid.
Kak	Comment ; Quand ; Lorsqne	Wie ; Wann.
Kak jalko	C'est (ou quel) dommage	Es ist schade.
Kakòi	Qui	Wer.
Kak skoro	Bientôt	Bald.
Kalenndar	Almanach	Kalender.
Kaleska	Calèche	Kalesche.
Kamêd	Gomme arabique	Arabisches Gummi.
Kamenn	Une pierre	Stein.
Kamennchik	Maçon	Maurer.
Kamenni	De pierre	Steinern.
Kamsol	Veste ; Camisolle	Weste ; Jacke.
Kanâtt	Corde	Seil ; Strik.
Kanoniér	Canonnier	Kanonier.
Kanoplé	Chanvre	Hanf.
Kapitânn	Capitaine	Hauptmann.
Kaplé	Des goutes	Tropfen.
Kaplounn	Chapon	Kapaun.
Kapousta	Choux	Kohl.
Kapral	Caporal	Corporal.
Kaptchennié Seld	Hareng soré	Pückling.

Russe.	Français.	Allemand.
Karacho	Bon; Bien	Gut; Wohl.
Karapudache	Crayon	Bleystift.
Karàoul	Poste; Garde; Guet	Posten; Wache.
Karàoul arrest	Arrêt	Arrest.
Karàoulna	Corps-de-garde	Wache; Hauptwache.
Karêta	Carosse	Kutsche.
Karla	Nain	Zwerg.
Karmann	Poche	Tasche.
Karmilitza	Nourrice	Sæugamme.
Karobka	Boite	Schachtel.
Karona	Couronne	Krone.
Karottkï	Petit	Klein.
Karova	Vache	Kuh.
Karovié Maslo	Beurre	Butter.
Karta	Cartes à jouer	Karten.
Kartina	Image	Bild.
Kartofli	Pomme de terre	Kartoffel; Grundbirne.
Karttche	Les vivres	Lebensmittel; Proviant.
Kartchevnik	Rôtisseur; Traiteur	Garkoch.
Kasaika	Hôtesse; Bourgeoise	Wirthinn (vom Hause)
Kastroulka	Casserolle	Casserolle.
Katori	Le quel	Was für einer.
Kattchâtt	Se balancer	Schaukeln.
Kayalér	Chevalier	Ritter.
Kemel	Houblon	Hopfen.
Kervel	Cerfeuil	Kerbel.
Kevachena	Pétrin; Huche	Backtrog.
Kevalitt	Louer; Faire l'éloge	Loben.
Kevàstsi	Alun	Alaun.
Kevost	Tresse	Zopf.
Kicheki	Tripes	Kaldannen.
Kidâtt	Faire signe; Jeter	Winken; Werfen.
Kila	Hernie	Bruch.
Kinngui	Souliers fourés	Pelzschuhe.
Kinnjal	Poignard	Dolch.
Kipa	Ballot	Pack.
Kipitt	Bouillir	Kochen.
Kirpittche	Brique	Backstein.
Kislaïa Kapousta	Chou-croûte	Sauerkraut.

Russe.	Français.	Allemand.
Kisli	Aigre	Sauer.
Kisséïa	Mousseline	Nesseltuch.
Kissel	Nécessité ; Besoin	Nothwendigkeit.
Kitaïka	Nankin	Nankin.
Kitrost	Ruse	List.
Kitt	Baleine	Wallfisch.
Kitzi	Fin ; Rusé	Schlau.
Kiver	Casque	Helm.
Kladbicheché	Cimetière	Kirchhof.
Kladovaïa	Dépôt ; Magasin	Niederlage ; Magazin.
Klaniâtt	Saluer	Grüssen.
Klavikordi	Clavecin ; Forté	Klavier.
Kleb	Pain	Brod.
Klebnik	Boulanger	Becker.
Klechechi	Tenailles	Zange.
Kléchï	Pince ; Pincettes	Zange.
Kleï	Colle ; Glu	Leim ; Vogelleim.
Kléonnka	Carton	Pappendeckel.
Kléonnka	Toile cirée	Wachstuch.
Klettka	Cage	Kæfich ; Vogelkorb.
Klikâtt	Appeler	Rufen.
Klinok	Lame	Klinge.
Klistik	Cravache	Spitzedroht.
Klope	Punaise	Wanze ; Wandlaus.
Kloptchataïa boumaga	Coton	Baumwolle.
Kloubnika	Fraises	Erdbeeren.
Klouttche	Clef	Schlüssel.
Knétz	Prince	Fürst ; Prinz.
Kniga	Le livre	Buch.
Knigoprodàvetz	Libraire ; Relieur	Buchbinder.
Knoûtt.	Fouet	Peitsche.
Kobila	Jument	Stute.
Kocheka	Chat	Katze.
Kochelok	Bourse	Beutel.
Kofé	Café	Kaffee.
Koféni Dômm	Maison de café	Kaffeehaus.
Koffeïnik	Cafetière	Kaffeekanne.
Koja	Cuir ; Peau	Leder ; Haut.
Kojevnik	Tanneur	Gœrber.
Kokda	Si ; Quand	Wenn ; Wann.

Russe.	Français.	Allemand.
Kokoucheka	Coucou	Kukuk.
Kol	Un piquet	Pfahl.
Kolbak	Bonnet à poils	Kappe.
Kolbassa	Saucisse ; Boudin	Wurst ; Blutwurst.
Koleka	Estropié	Lahm.
Koléno	Genou	Knie.
Kolesnik	Charron	Wagner.
Kolesso	Roue	Rad.
Kolibel	Berceau	Wiege.
Koloda	Un jeu de cartes	Kartenspiel.
Kolodess	Fontaine ; Puits	Brunnen ; Pfütz.
Kolodka	Forme de soulier	Schuhleisten.
Kolodno	Froid	Kalt.
Kolokol	Cloche	Glocke.
Kolokolchik	Sonnette	Klinge ; Schelle.
Kolokolna	Clocher	Glockenthurm.
Kolott	Piquer	Stechen.
Kolst	Toile	Tuch.
Kolsti	Linge	Leinwand.
Koltso	Anneau	Ring.
Kommissarskoï	Commissaire	Kommissær.
Komnata	Chambre	Kammer.
Komode	La Commode	Kommode.
Komou	A qui	Wem.
Komoûtt	Collier de cheval	Kummet.
Konïetz	La fin	Ende.
Konnfekti	Confitures	Konfekt.
Konnitza	Cavalerie	Cavallerie ; Reiterey.
Konnki	Patins pour glisser	Schlittschuhe.
Konouchena	Écurie	Stall.
Konoval	Maréchal ; Vétérinaire	Hufschmied ; Vieharzt.
Kopâtt	Creuser	Graben.
Kopéka	Un Sou	Sou ; Kopeke.
Kopià	Lance ; pique	Lanze ; Picke.
Kopito	Pied de cheval	Huf.
Korable	Vaisseau	Schiff.
Korchoupn	Vautour	Geyer.
Korenn	Racine	Wurzel.
Korito	Auge	Trog.
Koritza	Canelle	Kaneel ; Zimmt.

Russe.	Français.	Allemand.
Korka	Croûte; Écorce	Kruste; Rinde.
Korm	Fourrage	Futter.
Kormitt	Donner à manger aux chevaux	Die Pferde füttern.
Korol	Roi	Kœnig.
Koroleva	Reine	Kœniginn.
Korolevstvo	Royaume	Das Reich.
Korosta	Gale	Grind; Krætze.
Korottki	Court	Kurz.
Korsett	Corset	Wæmmschen.
Korttchema	Cabaret	Schenke.
Korttchittsa	Moutarde	Senf.
Korzina	Panier	Korb.
Kosainn	Hôte; Bourgeois	Wirth (vom Hause.)
Koss	De travers	Schief; Quer.
Kossa	Une Faux	Sense.
Kossa	Queue d'animal	Schweif; Schwanz.
Kossel	Bouc	Bock.
Kost	Os	Knochen.
Kostil	Béquille	Krücke.
Kotel	Marmite; Chaudron	Kessel.
Kotitt	Vouloir	Wollen.
Kotommka	Havre-sac	Bündel; Sack.
Kotovòi Ouss	Busc	Fischbein.
Kottlett	Cotelette	Kotelette.
Kouartièra	Logement; Quartier	Einquartierung ; Quartier.
Kouartirmeister	Maréchal-des-logis	Quartiermeister.
Kouchak	Ceinture	Gürtel.
Kouchanié	Le manger; Repas	Essen; Mahlzeit.
Kouchàtt	Manger	Essen; Speisen.
Koude	Misère; Besoin	Elend; Noth.
Kouda	Où	Wo ; Wohin.
Koudi	Maigre	Mager.
Koudo	Mauvais	Schlecht.
Koudogestvo	Art	Kunst.
Koukarka	Cuisinière	Kœchinn.
Koulak	Poing	Faust.
Koupanié	Gué d'une rivière	Schwemme ; Furt.
Koupâttsa	Se baigner	Baden.

Russe.	*Français.*	*Allemand.*
Koupetz	Marchand	Kaufmann ; Kræmer.
Kouriér	Courrier	Kurier.
Kouritelni Tabak	Tabac à fumer	Rauchtabak.
Kouritt	Fumer	Rauchen.
Kourittza	Poule	Huhn.
Kouropattka	Perdrix	Feldhuhn.
Koupitt	Acheter	Kaufen.
Kousnetz	Forgeron	Schmidt.
Koussok	Morceau	Stück.
Kouttcha	Tas ; Monceau	Haufen.
Kouttchér	Cocher	Kutscher.
Kouznetz	Maréchal ferrant	Hufschmied.
Kouznitza	Forge	Schmiede.
Kovàtt	Forger	Schmieden.
Koza	Chèvre	Ziege.
Kozir	Atout de cartes	Trumpf.
Krabretz	Un brave	Ein tapferer Mann.
Krabri	Brave	Tapfer.
Krabrost	Bravoure	Tapferkeit.
Krala	Dame de cartes	Dame (karten).
Kramàtt	Boiter	Hinken.
Kraska	Couleur	Farbe.
Krasnòé Vino	Vin rouge	Rother Wein.
Krassavitza	Une belle fille	Ein schœnes Mædchen.
Krassilschik	Teinturier	Færber.
Krassnii	Rouge	Roth.
Krattki	Bref	Kurz.
Kréchanaïa Màtt	Marraine	Pathinn.
Kréchechénié	Baptème	Taufe.
Krémenn	Pierre à feu	Feuerstein.
Kreindel	Petit gâteau	Brezel.
Krepki	Solide ; Fort ; Dur	Fest ; Stark ; Hart.
Krépost	Fortification	Schanze ; Festung.
Krépost	Dureté	Hærte.
Kresla	Fauteuil	Lehnstuhl.
Krest	Croix	Kreuz.
Krestianinn	Le paysan	Bauer.
Krestinï Oüétz	Parrain	Pathe.
Krestitt	Baptiser	Taufen.
Krik	Cri	Geschrey.

Russe.	Français.	Allemand.
Krilo	Aile	Flügel.
Krissa	Rat	Ratte; Ratze.
Kristïaninn	Chrétien	Christ.
Krittchâtt	Crier	Schreyen.
Krivi	De travers; Courbe	Schief; Quer; Gebogen
Krof	Sang	Blut.
Krolik	Lapin	Kaninchen.
Kròmoï	Boiteux	Krumm.
Krott	Taupe	Maulwurf.
Krougeka	Cruche	Krug.
Krouguéli	Rond	Rund.
Krouttcheki	Crochets de bottes	Stiefelzieher.
Krovâtt	Bois de lit	Bettlade.
Krovla	Toit	Dach.
Krozitt	Menacer	Drohen.
Kto	Quel; Qui; Quoi	Welcher; Wer; Was.
Kust	Buisson	Busch.
Kouknïa	Cuisine	Küche.
Kvastounn	Hableur	Prahler.
Kvorâtt	Avoir mal	Weh haben.
Kvorâtt bolètt	Être malade	Krank seyn.
Kvorost	Fagot	Bündel; Reisholz.
Kvost	Queue de la tête	Haarzopf.

L

Lafka	Boutique	Laden.
Lagounn	Pot à graisse	Schmiereymer.
Laïàtt	Japper; Aboyer	Bellen.
Laïer	Camp	Feldlager.
Lammpada	Lampe	Lampe.
Landekarta	Carte géographique	Landkarte.
Làoucheka	Grenouille	Frosch.
Lapa	Patte	Pfote.
Lapcha	Nouilles	Nudeln.
Laskâtt	Flatter; Caresser	Schmeichlen; Lieb-kosen.
Lastottcheka	Hirondelle	Schwalbe.
Làti	Cuirasse	Kürass.
Latiniskòi	Le latin	Latein.

Russe.	Français.	Allemand.
Latzareth	Hopital	Latzareth; Hospital
Lébéd	Cygne	Schwan.
Léd	Glace	Eis.
Lédènèdz	Sucre candi	Candiszucker.
Légàtt	Mentir	Lügen.
Lejàtt	Reposer	Liegen; Ruhen.
Lákar	Chirurgien	Feldscherer.
Lekartsvo	Médecine; Remède	Medizin; Arzeney
Léki	Léger	Leicht.
Lénivï	Paresseux	Faul.
Lenn	Lin	Lein; Flachs.
Lennta	Ruban; Cordon	Band; Schnur.
Lènost	Paresse	Faulheit.
Lesnitza	Échelle; Escalier	Leiter; Treppe.
Lèss	Bois; Forêt	Wald.
Léto	L'été	Sommer.
Lettchitt	Guérir	Heilen; Genesen.
Lév	Lion	Loewe.
Léxikonn	Dictionnaire	Woerterbuch.
Likoradka	Fièvre	Fieber.
Liléïa	Fleur de lis	Lilieblum.
Limonad	Limonade	Limonade.
Limone	Citron	Citrone.
Linèïka	Règle pour rayer	Lineal.
Linn	Tanche	Schleihe.
Lissidza	Renard	Fuchs.
List	Feuille; Page	Blatt; Pagina.
List boumagui	Feuille de papier	Blattpapier; Bogen,
Litavra	Timbales	Pauken.
Litt	Fondre	Schmelzen.
Littératoura	Littérature	Litteratur.
Littzo	Visage	Gesicht.
Lob	Front	Stirn.
Lochâd	Cheval	Pferd.
Lochak	Mulet	Maulesel.
Lod	Glace	Eis.
Lodka	Nacelle	Nachen.
Logeka	Cuiller	Loeffel.
Lokott	Coude	Ellenbogen.
Lomâtt	Casser; Briser	Brechen.

Russe.	Français.	Allemand.
Lopattka	Pelle ; Pelle-à-feu	Schaufel ; Schippe.
Lopcha	Vermicelle ; Nouilles	Nudeln ; Fadennudeln
Loubezni	Aimable	Lieblich.
Loubitt	Aimer	Lieben.
Loubopitsvo	Curiosité	Neugier.
Loubov	Amour	Liebe.
Loubovnik	Amant	Liebhaber ; Schatz.
Loubovnitza	Amante	Liebhaberinn ; Schatz.
Loudi	Gens ; Personnes	Leute ; Personen.
Loug ; Louk	Pré ; Prairie	Wiese.
Louk	Poireau	Lauch.
Loukovitza	Oignon	Zwiebel.
Louna	Lune ; Mois	Mond ; Monat.
Louttché	Mieux ; Meilleur	Besser ; Lieber.

M

Russe.	Français.	Allemand.
Magatzino	Magasin	Magazin ; Lager.
Maïor	Major	Major.
Mak	Pavot	Mohn.
Mali	Petit	Klein.
Malina	Framboise	Himbeeren.
Malinukï	Très-petit	Sehr klein.
Malo	Peu	Wenig.
Maltchik	Petit garçon	Knabe ; Bube.
Maminnka	Maman	Mama.
Marki	Des jetons	Zeichen.
Markitannt	Vivandier	Marketender.
Markov	Carotte	Rothe Wurzel.
Maross	Gelée	Frost.
Masla	Huile	OEhl.
Maslinitza	Carnaval	Fastnacht.
Maslo (Karovié)	Beurre	Butter.
Master	Maître	Meister.
Matross	Matelot	Matrose.
Mâtt	Mère	Mutter.
Mattchika	Belle-mère	Schwiegermutter.
Maz	Onguent	Salbe.
Mazatt	Graisser ; Frotter	Schmieren.
Mèchechénié	Vengeance	Rache.

Russe.	Français.	Allemand.
Mécheki	Mou	Weich.
Méchok	Sac ; Paillasse	Sack ; Strohsack.
Méd	Miel ; Cuivre ; Hidromel	Honig ; Kupfer ; Meth.
Médik	Médecin	Arzt ; Doktor.
Mednik	Chaudronnier	Kupferschmied.
Medved	Ours	Bær.
Mégedou	Entre ; Parmi	Zwischen ; Unter.
Mégedou temm	Néanmoins	Dem ungeachtet.
Meitnik	Ressort (un)	Stahlfeder.
Mék	Soufflet de feu	Blasebalg.
Mel	Craie ; Blanc	Kreide ; Weiss.
Melnik	Meunier	Müller.
Melnitza	Moulin	Mühle.
Menâtt	Changer ; Troquer	Tauschen.
Menâtt denngui	Changer de l'argent	Wechseln.
Ménié	Moins	Weniger.
Méra	Mesure	Mass.
Meramor	Marbre	Marmor.
Méritt	Mesurer	Messen.
Merttvi	Mort	Todt.
Mèsètz	Mois ; Lune	Monat ; Mond.
Mesnik	Boucher (un)	Metzger.
Mesto	Lieu ; Place ; Au lieu de	Ort ; Platz ; Anstatt.
Mettla	Balai	Besen.
Mi	Nous	Wir ; Uns.
Michc	La Souris	Maus.
Michechi	Mendiant	Bettler.
Miesso	Viande	Fleisch.
Mila	Lieue ; Mille	Stunde ; Meile.
Milo	Savon	Seife.
Milost	Bonté ; Grâce	Güte ; Gnade.
Milostina	Aumône	Almosen.
Milostivi	Complaisant	Gefællig.
Mimo	En passant	Im vorbey gehen.
Minndal	Amande	Mandel.
Minouta	Minute	Minute.
Mir	Paix ; Univers	Friede ; Ganze Welt.
Mislenno	En moi-même	Bey mir ; In gedanken.
Misli	Pensée ; Idée	Gedanke ; Idee.

Russe.	Français.	Allemand.
Mitt	Laver	Waschen.
Mnïé	A moi	Mir; Zu mir.
Mnogestennòé	Pluriel	Vielfachezahl.
Mnogestvo	Quantité	Menge.
Mnogo	Beaucoup	Viel.
Mnogo – li	Combien	Wie viel.
Mnogui	Plusieurs	Mehrere.
Moda	La mode	Mode.
Mogeno	Possible	Mœglich.
Mogeno – li	Est – il possible	Ist es mœglich.
Mogétt	Pouvoir (verbe)	Kœnnen.
Mogett – bitt	Peut – être	Vielleicht.
Moguila	Fosse	Grab.
Moï	Mon	Mein.
Mok	La Mousse	Moos.
Mokri	Mouillé	Nass.
Mokritt	Mouiller	Netzen.
Moladost	Jeunesse	Jugend.
Moladiétz	Instruit	Gelehrt.
Molittsa	Prier; Dire des prières	Bethen.
Molittva	Prière de dévotion	Gebeth.
Molnïa	Éclair	Blitz.
Molodi	Jeune	Jung.
Molodïetz	Un bon garçon	Ein guter Mensch.
Molokò	Lait	Milch.
Mòlotok	Marteau	Hammer.
Molott	Moudre	Mahlen.
Moltchátt	Se taire	Schweigen.
Monastir	Couvent	Kloster.
Monéta	Monnoie	Münze.
Mòrai	Mer	Meer; See.
Morogeno	Glaces pour manger	Gefrornes.
Mortira	Mortier	Mœrser.
Mosk	Moéle	Mark.
Mossol	Cor aux pieds	Hühnerauge.
Most	Pont	Brücke.
Mòttcha	Urine	Urin.
Mouchekétt	Musc	Muskate.
Moufta	Manchon	Muff; Staucher.
Mouge	Mari	Mann; Gemahl.

Q

Russe.	Français.	Allemand.
Mougéli	Pas possible; Impossible	Nicht mœglich; Unmœglich.
Mougeskòi	Masculin	Mænnlich.
Mougik	Homme ; Paysan	Mann ; Mensch; Bauer.
Mouka	Farine	Mehl.
Mouka	Mouche	Mücke ; Fliege.
Mouka	Tourment	Qual ; Plage.
Mouttchetouk	Mords	Gebiss ; Mundstück.
Mouttni	Trouble; Pas clair	Trübe.
Mouzika	Musique	Musik.
Mouzikannt	Musicien	Musikant.
Mozgue	Cerveau	Gehirn.

N

Nà	Dans ; Sur ; Dessus	In ; Auf.
Nabiràtt Soldàtt	Enrôler des Soldats	Soldaten werben.
Nabòika	Toile peinte	Kattun.
Nabòr	Recrutement ; Enrôlement	Rekrutirung.
Nache	Notre	Unser.
Nadâttsa	Espérer	Hoffen.
Nadégeda	Espérance	Hoffnung.
Nadobno	Nécessaire	Nothwendig.
Nadpiss	Adresse d'une lettre	Aufschrift.
Nadziratel	Inspecteur	Aufseher; Inspector.
Nagoditt	Trouver	Finden.
Nagragedàtt	Récompenser	Belohnen.
Nagragedénié	Récompense	Lohn ; Belohnung.
Nagroudnik	Poitrail	Brust.
Nakazánié	Punition	Strafe.
Nakazâtt	Punir	Strafen.
Nakokda	Trouvaille	Fund.
Nà Koniétz	Enfin ; A la fin	Endlich; Am Ende.
Nakovalna	Enclume	Ambos.
Nà lèvo	A gauche	Links.
Nalitt	Verser à boire	Einschenken.
Nalittchénié denngui	Argent comptant	Baar Geld.
Namiéremnié	Envie; Désir	Lust.

Russe.	Français.	Allemand.
Nà niss	Sous ; Dessous	Unter.
Nàouka	Science	Wissenschaft.
Naperstok	Dé à coudre	Fingerhut.
Napitok	Boisson	Getrænke.
Nà pravo	A droite	Rechts.
Nà primèr	Par exemple	Zum Beispiel.
Nà protif	Vis-à-vis	Gegen über.
Nà protif tovo	Au contraire	Im gegentheil.
Narottchéni	Messager	Bothe.
Narottcheno	Exprès ; A dessein	Mit Fleiss.
Naslednîk	Héritier	Erbe.
Nasmékâttsa	Se moquer	Auslachen ; Spotten.
Nasmork	Rhume de cerveau	Schnupfen.
Nassilno	Par force	Mit Gewalt.
Nassilou	A peine	Kaum.
Nassivâtt	Appeler ; Nommer	Heissen ; Nennen.
Nasvanié	Dénomination	Benennung.
Nattchalisivo	Municipalité	Municipalitæt.
Nattchalo	Commencement	Anfang.
Nattchinâtt	Commencer	Anfangen.
Nattzia	Nation	Nation.
Nà verk	En haut	Oben ; Hinauf.
Navochechitt	Cirer	Wichsen.
Navod	Peuple	Volk.
Navolottcheka	Taie d'oreiller	Kissenzüge.
Navoss	Fumier	Mist.
Navostchitt	Frotter	Reiben.
Nazad	En arrière ; Derrière	Zurück ; Hinten.
Nazivâtt	Nommer ; S'appeler	Nennen ; Heissen.
Né	Ni	Weder.
Nèblagodarni	Ingrat	Undankbar.
Nébo	Ciel	Himmel.
Nédàousdok	Licol	Halfter.
Nè davno	Il n'y a pas long-tems	Es ist nicht lange Zeit.
Nèdèla	Semaine	Woche.
Nékokda	Un jour	Ein Tag.
Németz	Un Allemand	Deutscher.
Németzia	Allemagne	Deutschland.
Németzki	Allemand	Deutsch.
Nèmi	Muet	Stumm.

Russe.	*Français.*	*Allemand.*
Né mnogeko	Un peu	Ein wenig.
Né mnogo	Pas beaucoup	Nicht viel.
Nènaviditt	Haïr	Hassen.
Nènavist	Haine	Hass.
Népostòianni	Inconstant	Unbestændig.
Nè pravda li	N'est-ce pas	Nicht wahr; Gelt.
Népriatel	Ennemi	Feind.
Neskromnost	Indiscrétion	Unbedachtsamkeit.
Nè smotra	Malgré	Dem ungeachtet.
Nesprayedlivost	Injustice	Ungerechtigkeit.
Nettchisti	Sale; Malpropre	Unrein; Schmutzig.
Néverni	Infidèle	Untreu.
Névinnòi	Innocent	Unschuldig.
Nèvosmogeni	Impossible	Unmœglich.
Niett (pïé; ni)	Non	Nein.
Niètt ièchecho	Pas encore	Noch nicht.
Nikak nïett	Point du tout	Gar nicht.
Nikakòi	Personne; Aucun	Niemand.
Nikokda	Jamais	Niemals; Nie.
Niktò	Quelqu'un	Jemand.
Niobo	Palais de la bouche	Gaumen.
Nïoukatelni tabak	Tabac à priser	Schnupftabak.
Nïoukàtt	Flairer; Sentir; Priser	Riechen; Schnupfen.
Nisou	En bas	Herunter.
Nittka	Fil	Zwirn; Garn; Faden.
Nittchévo	Rien	Nichts.
Nò	Mais	Aber; Allein.
Noga	Pied; Jambe	Fuss; Bein.
Noge	Couperet	Hackmesser.
Nogénidzi	Des ciseaux	Scheere; Scheermesser.
Nògik	Couteau	Messer.
Nogott	Ongle	Nagel.
Nokotòri	Quelques uns	Einige.
Nol	Zéro	Null.
Noss	Nez	Naze.
Nossitt	Porter	Tragen.
Nottche	Nuit	Nacht.
Nougeda	Besoin	Noth.
Nougenik	Latrines	Abtritt; Profett.
Novï	Nouveau	Neu.

Russe.	*Français.*	*Allemand.*
Novoui God	Nouvel an	Neuiahrstag.

O

Oba	Tous les deux	Alle beide.
Obchelaga	Parement	Umschlag.
Obchelague	Revers d'habit	Aufschlæge.
Obchestvo	Compagnie	Gesellschaft.
Obéd	Le dîner	Das Mittagessen.
Obédâtt	Dîner	Zu Mittag essen.
Obéziana	Singe	Affe.
Obijatt	Offenser	Beleidigen.
Obitatel	L'habitant	Einwohner.
Objorlivi	Gourmand	Gefræssig.
Oblako	Nuage; Brouillard	Wolke; Nebel.
Oblast	Ressort; Autorité	Gebieth; Gewalt.
Oblattka	Pain à cacheter	Oblate.
Obmann	Fraude	Betrug.
Obmannchik	Le trompeur	Betrüger.
Obmànôutt	Tromper	Betrügen.
Obmorok	Foiblesse; évanouissement	Ohnmacht; Schwæche
Obnimâtt	Embrasser	Umarmen.
Oboniénié	Odorat	Geruch.
Oboss	Bagage; Paquet	Bagage; Gepæck; Pack.
Obouttchàtt soldàtt	Faire l'exercice	Exerciren.
Obrass	Image de saint	Heiligenbild.
Obrott	Licol	Halfter.
Obroubitt	Ourler	Sæumen.
Obrouttche	Cercle	Zirkel; Reif.
Obrou ttchenik	Tonnelier	Fassbinder.
Obtirâtt	Essuyer	Abwischen.
Obtzaklâtt	Gager	Wetten.
Obvinàtt	Accuser	Anklagen.
Ochibka	Erreur; Faute	Irrthum; Febler.
Odéïalo	Couverture; Couvercle	Decke; Deckel.
Odèvalo	Couverture de lit	Bettdecke.
Odèvâttsa	S'habiller	Sich ankleiden.
Odinn	Un; Unique; Seul	Eins; Einzig; Allein.
Odisténoé	Au singulier	Einfachezahl.

Russe.	Français.	Allemand.
Odnagèdi	Un jour ; Une fois	Ein Tag ; Ein Mal.
Odolgitt	Obligé	Verbunden.
Ofitzer	Officier	Officier.
Ogidâtt	Attendre	Warten.
Ognivo	Briquet	Feuerstahl.
Ogonn (Ogogne)	Feu	Feuer.
Ogorod	Jardin	Garten.
Ogourétz	Concombre	Gurke ; Kukummer.
Okannchìvâtt	Achever	Endigen.
Okno	Fenêtre ; vitre	Fenster ; Glas.
Okocheko	Fenêtre ; vitre	Fenster ; Glas.
Okolo	A-peu-près ; Environ	Ungefæhr.
Okorka ; Okorok	Jambon	Schinken.
Okota	Chasse	Jagd.
Okottnik	Chasseur	Jæger.
Okrougenost	Circuit ; Enceinte	Bezirk.
Olénn	Cerf	Hirsch.
Oliva	Olive	Oliven.
Olovo	Etain	Zinn.
Onn	Lui	Er.
Opakalo	Eventail	Fæcher.
Opasno	Dangereux	Gefæhrlich.
Opasnost	Danger	Gefahr.
Orâtt	Labourer	Pflügen ; Ackern.
Ordenn	Ordre ; Décoration	Orden.
Orécha	Noix	Nuss ; Nüsse.
Oréchi	Noisettes	Haselnüsse.
Orel	Aigle	Adler.
Orkann	Orgues	Orgel.
Oroudiè	Canon	Kanone.
Osèro	Lac ; Rivière	See ; Fluss.
Ospa	Petite vérole	Die Pocken.
Oss	Hache ; Essieu	Axt ; Achse.
Ossada	Siége	Belagerung.
Ossaditt	Assiéger	Belagern.
Ossel	Ane	Esel.
Ossenn	Automne	Herbst.
Ossoba	Une personne ; Quelqu'un	Jemand.
Ossoblivo	Principalement	Besonders.

Russe.	Français.	Allemand.
Ossougedâtt	Condamner	Verurtheilen.
Ostâttsa	Rester	Bleiben.
Ostorogeni	Prudent	Klug; Behutsam.
Ostri	Coupant	Scharf.
Ostrié	Pointe	Spitz.
Ostroumié	Esprit; Raison; Génie	Verstand; Geist.
Ostrov	Ile	Insel.
Osva	Guêpe	Wespe.
Otiettchestvo	Patrie	Vaterland.
Otiétz.	Père	Vater.
Otièzed.	Départ	Abreise.
Otrèd	Détachement	Detaschement.
Otroubi	Son de farine	Kleyen.
Otsiouda	D'ici	Von hier.
Ottchak	Foyer	Heerd.
Ottcheki	Lunettes	Brillen.
Ottchenn	Très	Sehr.
Ottchenn malo	Très-peu	Sehr wenig.
Ottchinitt pèro	Tailler une plume	Eine Feder schneiden.
Ottiékâtt	Partir	Fortgehen; Abreisen.
Ottnimâtt	Oter; Prendre	Nehmen; Wegnehmen
Ottouda	Depuis	Seit.
Ottstoupp	Retraite de guerre	Retirade; Rückzug.
Ottvasivâtt	Délier	Losbinden.
Ottvètt	Réponse	Antwort.
Ottvettchâtt	Répondre	Antworten.
Ottvidivâtt	Goûter	Schmecken.
Ottvorîtt	Ouvrir	Aufmachen.
Oubirâtt	Ranger	Aufraümen.
Oubîtt	Tuer	Tœdten.
Ouchib	Entorse	Verrenkung.
Ouda	Hameçon	Angel.
Oudar	Coup; Tape	Schlag.
Oudarîtt	Battre	Schlagen.
Oudivitelno	Singulier; Étonnant	Sonderbar.
Oudivlâttsa	S'étonner	Sich wundern.
Oudovolstvié	Plaisir	Vergnügen.
Ougar	Vapeur; Fumée	Dampf; Rauch.
Ougé	Déjà	Schon.
Ouginâtt	Souper (verbe)	Zu Nacht essen.

Russe.	Français.	Allemand.
Ouginn	Le souper	Nachtessen.
Ougol	Angle ; Coin ; Charbon	Winkel ; Ecke ; Kohle.
Ougolni Dômm	Maison du coin	Eckhaus.
Ougor	Anguille	Aal.
Oukase	Loi ; Décret	Gesetz.
Oukò	Oreille	Ohr.
Oúkoussitt	Mordre	Beissen.
Ouksouss	Vinaigre	Essig.
Oulittka	Escargot	Schnecke.
Oulittza	Rue	Strasse ; Gasse.
Oumettvitt	Tuer	Tœdten.
Oumirâtt	Mourir	Sterben.
Oumni	Sage	Klug.
Oumnogénié	Renfort	Verstærkung.
Ounter–Offitzer	Sous–Officier	Unteröfficier.
Oupast	Tomber	Fallen.
Oúporni	Orgueilleux	Hochmüthig.
Oúpravitel	Administrateur	Verwalter.
Ourà (hoûra)	Allons ; Marchons ; en avant ; courage ; *Vivat* ; Victoire ; gare, Sauve ; Sauve qui peut , etc.	Fort ; Vorwærts ; Muth ; *Vivat* ; *Victoria* ; Weg ; Rette sich wer kann.
Ourîlnik	Pot de chambre	Nachttopf.
Ourougéni Master	Armurier	Bücksenmacher.
Ouski	Etroit	Enge ; Schmal.
Oussi	Moustache	Schnurbart.
Oustali	Las ; Fatigué	Müde.
Oustritza	Huître	Auster.
Outiouk	Fer à repasser	Bügeleisen.
Outiralnik	Essuie–main	Handtuch.
Outonoûtt	Se noyer	Ersaufen ; Sich Ertrænken.
Outro	Le matin	Morgen.
Outtchetivi	Honnéte	Hœflich ; Ehrlich.
Outtchitel	Maître ; Précepteur	Lehrer ; Meister.
Outtchitel Iasika	Maître de Langue	Sprachmeister.
Outtchitt	Apprendre	Lernen.
Outtchittsa	Étudier	Studieren.
Outtchonni	Savant	Gelehrt.

Russe.	Français.	Allemand.
Pribafka	Supplément	Zugabe.
Prigâtt	Sauter	Springen.
Prigoditt	Venir	Kommen.
Prigotovitt	Apprêter	Zubereiten.
Prikazâtt	Ordonner	Befehlen.
Prikaze	Ordre ; Commande-ment	Befehl.
Priklad	Crosse de fusil	Kolbe (an der Flinten.)
Prilégeni	Diligent	Fleissig,
Prilégenost	Activité	Fleiss.
Primettchâit	Remarquer ; Observer	Bemerken.
Prinadléjâtt	Appartenir	Gehœren.
Prinesti	Apporter	Bringen.
Priroda	Nature	Natur.
Prissaga	Serment	Eid ; Schwur.
Pristòinost	Bienséance	Wohlanstændigkeit.
Pristoupe	Assaut	Sturm.
Prisvâtt	Copier	Abschreiben.
Prittchiná	Cause ; Raison	Ursache.
Pritznavâttsâ	Avouer	Gestehen.
Privétsvovanie	Compliment	Kompliment.
Privézivâtt	Lier	Binden.
Privik	Habitué	Gewohnt.
Privittcheka	Habitude	Gewohnheit.
Privoss	Transport	Transport.
Privoz	Convoi	Zufuhr.
Probondittsa	S'éveiller	Erwachen.
Prochénié	Prière ; Pardon	Bitte ; Verzeihung.
Prodovâtt	Vendre	Verkaufen.
Progonâtt	Chasser	Jagen.
Proïékâtt	Partir	Fortgehen ; Abreisen.
Pròisnossitt	Prononcer	Aussprechen.
Prokalivâttsa	Se promener	Spatzieren gehen.
Promichelénost	Industrie	Industrie ; Fleiss und Kunst.
Promissel	Métier ; Profession	Handwerk.
Propast	Précipice	Abgrund.
Propka	Bouchon	Stœpfel.
Prossitt	Prier ; Inviter	Bitten ; Einladen.

S

Russe.	*Français.*	*Allemand.*
Prossnouttsa	Se réveiller	Aufwachen.
Prosso	Millet	Hirsen.
Prosti	Simple ; Commun	Gemein.
Prostina	Drap de lit	Bettuch.
Prostitt	Pardonner	Verzeihen.
Protif	Contre	Wider.
Prottche	Va-t'en ; Gare	Fort ; Weg.
Prottcheïte	Adieu ; A revoir	Leben sie wohl.
Prottchemm	Au reste	Uebrigens.
Proud	Étang	Teich.
Proussak	Prussien	Preusse.
Proussia	Prusse	Preussen.
Proûtt	Baguette	Ruthe.
Provojâtt	Accompagner ; Con-duire	Begleiten ; Führen.
Provoloka	Fil de fer	Draht.
Provorni	Vîte	Geschwind.

R

Raba	Servante	Magd.
Rabota	Ouvrage ; Travail	Arbeit.
Rabotâtt	Travailler	Arbeiten.
Rabottnik	Ouvrier	Arbeiter.
Rabtchik	Perdrix	Feldhuhn.
Rachetéri	Gril	Rost.
Râd	Rangée ; Content	Reihe ; Zufrieden.
Radiski	Rave	Rettig ; Radieschen.
Radost	Joie	Freude.
Radouga	Arc-en-ciel	Regenbogen.
Raï	Paradis	Paradies.
Rak	Ecrévisse	Krebs.
Raka	Rivière	Fluss.
Rakovina	Coquille	Muschel.
Rana	Blessure ; Plaie	Wunde.
Rano	De bonne heure	Früh.
Rasbôi	Vol ; Larcin	Diebstahl.
Rasboudítt	Eveiller	Wecken.
Rasgovor	Entretien ; Discours	Gespræch.
Raskàïanié	Repentir	Reue.

Russe.	Français.	Allemand.
Rasnitza	Différence	Unterschied.
Rasti	Croître	Wachsen.
Ratouche	Mairie	Rathhaus.
Ratzbitt	Casser ; Briser	Brechen.
Razbòinik	Brigand ; Voleur	Spitzbube ; Dieb.
Razgovor	Discours	Rede ; Gespræch.
Razoumitt	Comprendre	Verstehen.
Razoumm	Raison ; Esprit	Vernunft ; Geist.
Razoumni	Raisonnable	Verstændig.
Razstrèlàtt	Fusiller	Todtschiessen.
Razvod	Divorce	Ehescheidung.
Rèbenn	Rhubarbe	Rhabarber.
Rèbènok	Enfant	Kind.
Redki	Rarement	Selten.
Redko	Rare	Selten.
Rèkroutt	Recrue	Rekruten.
Rèmenn	Courroie	Riemen.
Rèmeslo	Métier ; Profession	Handwerk.
Repka	Navet	Rübe.
Reschik	Sculpteur	Bildhauer.
Retoùtt	Vif-argent	Quecksilber.
Revnif	Jaloux	Eifersüchtig.
Revnost	Jalousie	Eifersucht.
Rezàtt	Couper	Schneiden.
Riba	Poisson	Fisch.
Ribak	Pécheur de poisson	Fischer.
Riédka	Raifort	Meerrettig.
Risnitza	Paupière	Augenlied.
Rissounok	Dessin	Zeichnung.
Rissovàtt	Dessiner	Zeichnen.
Roche	Seigle	Rocken.
Rod Fiałoki	Pensée (fleur)	Viole.
Rodi	Sexe	Geschlecht.
Rodiné	Accouchement	Niederkunft.
Roditt	Accoucher	Niederkommen.
Roditsa	Naître	Geboren werden.
Regedénié	Jour de naissance	Geburtstag.
Rok ; Rogue	Corne	Horn.
Roke	Destin ; Hasard	Schicksal ; Zufall.
Roja	Érésipèle	Rose Krankheit.

Russe.	Français.	Allemand.
Romm	Rum	Rum.
Rosga	Verge	Ruthe.
Roskottche	Luxe	Aufwand.
Rospiska	Quittance	Quittung.
Rossa	Rosée	Thau.
Rossia	Russie	Russland.
Rossianinn	Un Russe	Russ.
Rost	Taille du Corps	Wuchs ; Tracht.
Rostitt	Grandir	Wachsen.
Rota	Compagnie de Soldats	Kompanie.
Rott	Bouche	Mund.
Roubacheka	Chemise	Hemd.
Roubetz	Cicatrice	Narbe.
Roudâ	Airain	Erz.
Rougâtt	Insulter	Schelten ; Schimpfen.
Rougié	Arme	Gewehr.
Roujo	Fusil	Flinte.
Rouka	Main ; Bras	Hand ; Arm.
Roukav	La Manche	Aermel.
Roumka	Gobelet	Becher.
Rouss	Un Russe	Russ.
Routtcheï	Ruisseau	Bach.
Rov	Fossé	Graben.
Rovnï	Egal	Gleich.
Rovnost	Egalité	Gleichheit.
Roza	Rose	Rose.
Rozdik	Séjour	Rastag.

S

S	Avec	Mit.
Sa	Soi	Sich.
Sabattcheka	Chien de fusil	Hahn (an der Flinten)
Sabavnik	Farceur	Spassvogel.
Sabla	Sabre	Sæbel.
Sâd	Jardin	Garten.
Saditt	Planter ; S'asseoir	Pflanzen ; Sich setzen.
Sadovnik	Jardinier	Gærtner.
Safsemm	Entièrement	Gænzlich.
Sagigâtt	Bruler	Brennen.

Russe.	Français.	Allemand.
Sakanitza	Sucrier	Zuckerbüchse.
Sakar.	Sucre	Zucker.
Sakousta	Morsure	Biss.
Salamm	Laitue	Lattich.
Salanina	Viande salée	Gesalzenes Fleisch.
Salatt	Salade	Salat.
Salfettka	Serviette	Serviette ; Tellertuch.
Salo	Graisse ; Cambouis	Fett ; Wagenschmiere.
Salo	Suif	Talg ; Unschlitt.
Salogitt	Atteler	Anspannen.
Salottskoï korenn	Réglisse	Süssholz.
Sametz	Mâle	Mænnlich.
Samka	Femelle	Weibchen.
Samopralka	Tour à filer	Spinnrad.
Sani	Traineau	Schlitten.
Sapettchatâtt	Cacheter	Petschieren ; Siegeln.
Saplatitt	Payer	Bezahlen.
Sapogenik	Bottier	Stiefelmacher.
Sapogenoé Chilo	Alène	Ahle.
Sapogui	Botte	Stiefel.
Saraï	Grange ; Remise ; Foulerie ; Hangar	Scheuer ; Remise. Scheune ; Schoppen.
Sarattchinnskoé Pechéno	Riz	Reis.
Sarna	Chevreuil	Reh.
Sattvoritt	Fermer	Zumachen ; Schliessen.
Savoïévatel	Conquérant	Eroberer.
Sazev	Semence	Same ; Saat.
Sbirâtt	Rassembler	Sammeln.
Sbor	Appel	Appell.
Sdarov	Sain ; Bien-portant	Gesund.
Sdarovié	Santé	Gesundheit.
Sdess	Ici ; Là	Hier ; Da.
Sdrastvouité	Bon jour	Guten Morgen ; Guten Tag.
Sebé	Soi ; A soi	Sich ; Zu sich.
Sèdelnik	Sellier	Sattler.
Sedlâtt	Seller	Satteln.
Sedlo	Selle	Sattel.
Seïtchass	De suite ; Vite	Gleich ; Geschwind

Russe.	*Français.*	*Allemand.*
Seld	Hareng frais	Hæring.
Seldéréa	Céleri	Sellerie.
Sélitra	Salpêtre	Salpeter.
Sémia	Famille	Familie.
Semmga	Saumon	Lachs ; Salm.
Sèra	Le souffre	Schwefel.
Serdze	Cœur	Herz.
Sérébro	Argent (métal)	Silber.
Serga	Boucle d'oreilles	Ohrring.
Serp	Faucille	Sichel.
Sertouk	Redingotte ; Capotte	Ueberrock.
Sestra	Sœur	Schwester.
Sétt	Filet	Netz.
Settsatt	Uriner ; Pisser	Pissen.
Sèvodnia	Aujourd'hui	Heute.
Siditt	Poser ; Mettre	Setzen ; Stellen.
Siéno	Foin	Heu.
Siénokossa	Fenaison	Heuærnte.
Siéri	Gris	Grau.
Siéttche	Fouetter	Peitschen.
Siéver	Nord	Nord.
Sila	Pouvoir ; Force	Macht ; Gewalt
Sini	Bleu foncé	Dunkel blau.
Sinn	Le Fils	Sohn.
Sir	Fromage	Kæse.
Siri	Humide	Feucht.
Sirost	Humidité	Feuchtigkeit.
Sirota	Orphelin	Waise.
Sitt ; Sitti	Rassasié	Satt.
Siuo	Crible	Sieb.
Skakátt	Galopper	Galoppiren.
Skamia	Banc	Bank.
Skaterti	Nappe	Tischtuch.
Skavrada	Poêle à frire	Pfanne.
Skazátt	Dire	Sagen.
Skoditt	Descendre	Heruntergehen.
Skol	Comment cela	Wie so
Skolko	Combien	Wie viel.
Skori	Vif	Lebhaft.
Skorié	Bientôt	Bald.

Russe.	Français.	Allemand.
Skoro	Vite	Geschwind.
Skorost	Hâte; Empressement	Eile.
Skotina	Animal; Bête	Thier; Vieh.
Skott	Bétail	Vieh; Rindvieh.
Skoucheni	Insupportable	Unerträglich.
Skoud	Pauvreté	Armuth.
Skoudni	Pauvre	Arm.
Skouka	Ennui	Lange Weile.
Skoupoï	Avare	Geizig.
Skoupost	Avarice	Geiz.
Skouttcheni	Ennuyant	Langweilig.
Skrebnitza	Une étrille	Striegel.
Skripka	Violon	Geige; Violine.
Slabi	Foible; Abattu	Schwach; Matt.
Slabitelni	Médecine; Remède	Medizin; Arzeney.
Slabost	Foiblesse	Schwachheit.
Sladki	Doux	Süss; Sanft.
Sladki Pirogui	Tarte	Torte.
Sladkost	Douceur	Sanftmuth.
Slann	Valet de cartes	Kartenbauer.
Slått	Envoyer	Senden; Schicken.
Slova	Gloire	Ruhm; Ruf.
Slépi	Aveugle	Blind.
Slépoï	Un Aveugle	Blinder.
Slesser	Serrurier	Schlosser.
Sléza	Larmes; Pleurs	Thränen.
Slichekomm	Trop	Zu viel.
Slifki	Crême	Rahm.
Sliva	Prune	Pflaume.
Sloboda	Grande route	Landstrasse.
Slonn	Eléphant	Elephant.
Slonovi Kost	Ivoire	Elfenbein.
Slouchâtt	Ecouter; Entendre	Hœren; Gehorchen.
Slouttchâï	Occasion	Gelegenheit.
Slouchéï	Hasard	Zufall.
Slouga	Domestique; Valet	Bedienter; Knecht.
Slouga	Tire-bottes	Stiefelknecht.
Slougeba	Service	Dienst.
Slougitt	Servir	Dienen.
Slóujannka	Servante	Magd.

Russe.	Français.	Allemand.
Slouk	Onie	Gehœr.
Slouttchàèmë	Par hasard	Von ungefæhr.
Slovo	Mot ; Parole	Wort
Smèchenik	Le plaisant	Spassmacher.
Smèli	Courageux ; Hardi	Muthig; Kühn.
Smèlost	Hardiesse	Kühnheit.
Smèritt	Mesurer	Messen.
Smertt	La mort	Tod.
Smètt	Oser	Dürfen.
Smiâttsa	Rire	Lachen.
Smirni	Paisible	Still.
Smol	Aussi	Auch.
Smola	Poix ; Résiné	Pech ; Harz.
Smorodina	Groseilles	Johannisbeere.
Smotrêtt	Regarder	Schauen.
Smotri	Revue	Musterung.
Snachoûtt	Supporter	Vertragen.
Snakomètz	Une Personne	Jemand ; Eine Person.
Snarougi	Dehors	Heraus.
Snaroujou	Par cœur	Auswendig.
Snassitt	Souffrir	Leiden ; Schmerzen.
Snâtt	Savoir ; Connaître	Wissen ; Kennen.
Sniegue	Neige	Schnee.
Snimâtt	Prendre	Nehmen.
Snittsa	Rêver	Træumen.
Snoka	Belle-fille	Schwiegertochter.
Snop	Gerbe	Garbe.
Snour	Cordon ; Lacet	Band ; Schnur.
Sobaka	Chien	Hund.
Sobiranié Vinogrâd	Vendange	Herbst ; Weinlese.
Sobirâtt	Cueillir	Abbrechen.
Sobol	Martre ; Zibeline	Zobel ; Marder.
Sok	Sauce ; Jus	Brühe ; Saft.
Sokol	Faucon	Falk.
Sol	Sel	Salz.
Soldâtt	Soldat	Soldat.
Solennié Ougourtzi	Cornichon	Essigkurken.
Solenntzé	Soleil	Sonne.
Solgâtt	Mentir	Lügen.
Solitt	Saler	Salzen

Russe.	Français.	Allemand.
Soloma	Paille	Stroh.
Soloni	Salé	Gesalzen.
Solonnka	Salière	Salzfass; Salzkanne.
Soloveï	Rossignol	Nachtigall.
Sonn	Sommeil; Rêve	Schlaf; Traum.
Sopernik	Rival	Nebenbuhler.
Sopragéni	Noué	Geknüpft.
Soroka	Une Pie	Aelster.
Sosna	Pin (arbre)	Fichte.
Soss	Sauce	Brühe.
Sossed	Voisin	Nachbar.
Sossiska	Saucisse	Wurst; Bratwurst.
Sottchinénié	Ouvrage	Werk.
Sottchinitel	Auteur	Verfasser.
Souchi	Sec	Trocken.
Souchitt	Sécher	Trocknen.
Soùd	Jugement; Sentence	Gericht; Urtheil.
Souda	Ici	Hier.
Soudar	Monsieur	Mein Herr.
Soudarina	Madame; Mademoi-selle	Madame; Jungfer.
Souderga	Crampe	Krampf.
Soudia	Le juge	Richter.
Soudno	Chaise percée	Nachtstuhl.
Souk	Branche	Ast.
Soukar	Biscuit	Zwiebak.
Soukno	Drap	Tuch.
Soukota	Sécheresse	Trockenheit.
Soulitt	Promettre	Versprechen.
Sounndouk	Malle; Coffre	Kasten; koffer.
Souporossa	Truie	Sau.
Soupp	Soupe; Bouillon	Suppe; Fleischbrühe.
Souprouga	Femme; Épouse	Frau; Gemahlinn.
Sourgouttche	Cire-à-cacheter	Siegellack.
Souss-Christoss	Jésus--Christ	Christus (Jesus.)
Sova	Chouette; Hibou	Eule.
Sovest	Conscience	Gewissen.
Sovestni	Scrupuleux	Gewissenhaft.
Sovett	Conseil	Rath.
Sparjà	Asperge	Spargel.

T

Russe.	Français.	Allemand.
Spått	Coucher ; Dormir	Schlafen.
Spéchitt	Se dépêcher	Eilen ; Tummeln.
Spéli	Mûr ; Mûre	Reif ; Zeitig.
Spina	Dos	Rücken.
Spittcheka	Allumette	Schwefelhœlzchen.
Spittza	Rayon de roue	Radspeiche.
Spor	Dispute ; Querelle	Streit ; Zank.
Sporitt	Se disputer	Streiten.
Spossobni	Commode ; Aisé	Gemæchlich.
Spravedlivost	Justice	Gerechtigkeit.
Sprossitt	Demander	Fragen.
Srok	Délai	Frist.
Srédina	Milieu	Mitte.
Stado	Troupeau	Herde.
Stakann	Verre ; Gobelet	Glas ; Becher.
Stål	Acier	Stahl.
Stann	Taille du corps	Wuchs ; Tracht.
Stanntzia	Poste ; Station	Poststation.
Staranié	Industrie	Industrie.
Stari	Vieux ; Agé	Alt.
Starik ; Starétz	Vieillard	Greis.
Starost	Age	Alter.
Stati	Article	Artikel.
Stavni	Volets	Fensterladen.
Steklo	Verre ; Vitre	Glas ; Fenster.
Sténa	Mur ; Muraille	Mauer ; Wand.
Stévol	Canon de fusil	Flintenlauf ; Rohr.
Stichi	Vers de poésie	Vers.
Stüd	Affront ; Honte	Schande.
Stoï	Halte	Halt.
Stòitt	Coûter ; Valoir	Kosten ; Gelten.
Stòitt	Se tenir debout	Stehen.
Stol	Table ; Autant	Tisch ; So viel.
Stolar	Menuisier	Schreiner ; Tischler.
Stolétié	Siècle	Jahrhundert.
Stolitza	Ville capitale	Hauptstadt.
Stolko	Autant	So viel.
Stolp	Colonne ; Pilier	Saüle ; Pfeiler.
Storona	Le côté	Seite.
Stoul	Chaise	Stuhl.

Russe.	Français.	Allemand.
Stouttchâtt	Frapper	Schlagen ; Klopfen.
Stracheni	Épouvantable	Erschrecklich.
Stradâtt	Supporter	Vertragen.
Stragénié	Bataille ; Combat	Schlacht ; Treffen.
Stranittsa	La page	Blatt ; Pagina.
Strapptchei	Avocat	Adwokat.
Strélanié	Coup de fusil	Schuss.
Strélâtt	Tirer à poudre	Schiessen.
Stréletz	Tireur	Schütz.
Strémèna	Étriers	Steigbügeln.
Stréolka	Flèche	Pfeil.
Strettchâtt	Rencontrer	Begegnen.
Strittche	Tondre	Scheren.
Strogâtt	Raboter	Hobeln.
Strogost	Sévérité	Strenge.
Stroitt	Bâtir	Bauen.
Stroka	Ligne	Linie ; Zeile.
Svadba	Mariage ; Noce	Heirath ; Hochzeit.
Svanié	Vocation	Beruf.
Svâtt	Cousin	Vetter.
Svazivâtt	Tricoter	Stricken.
Svéchechennik	Curé	Pfarrer ; Pastor.
Svègi	Frais ; Fraîche	Frisch.
Svekla	Betterave	Rothe Rübe.
Sver	Bête sauvage	Wildes Thier.
Svétilna	Mèche	Dacht ; Docht.
Svétitt	Éclairer	Leuchten.
Svett	Clarté ; Monde ; Univers	Licht ; Welt ; Ganze Welt.
Svettcha	Lumière ; Chandelle	Licht ; Kerze.
Svettli	Clair	Hell.
Svétzaria	La Suisse	Schweiz.
Svezda	Étoile	Stern.
Sviati	Saint	Heilig.
Svidételstvo	Témoignage	Zeugniss.
Svinietz	Plomb ; Étain	Bley ; Zinn.
Svinïa	Cochon	Schwein.
Svinina	Viande de Cochon	Schweinfleisch.
Svistâtt	Siffler	Pfeifen.
Svoï	Son (pronom)	Sein.

T

Russe.	Français.	Allemand.
Tabkerka	Tabatière	Tabaksdose.
Tafta	Tafetas	Taffet.
Taïatt	Fondre	Schmelzen.
Tak; Tako	Ainsi; Oui; C'est juste	Also; la; Recht.
Tak i sak	Passablement; Comme cela	So so; Ziemlich.
Tamm	Là	Da.
Tarelka	Assiette	Teller.
Tavariche	Camarade	Kamarad.
Tchacha	Tasse	Tasse; Schale.
Tchacheka	Soucoupe	Unterschale.
Tchakoutka	Consomption	Auszehrung.
Tchass	Heure	Uhr; Stunde.
Tchassi	Une montre	Uhr; Sackuhr.
Tchassòvoï	Sentinelle; Faction-naire	Schildwache.
Tchassovòi Master	Horloger	Uhrmacher.
Tchasto	Souvent	Oft.
Tchàvel	Oseille	Sauerampfer.
Tcheï	Thé	Thee.
Tcheïnik	Théïère	Theekanne.
Tchelenn	Membre	Glied.
Tchèlovek	Homme	Mensch; Mann.
Tchémòdann	Porte-manteau; Valise	Mantelsack; Felleisen.
Tcheptchik	Bonnet	Kappe; Haube.
Tchérépaka	Tortue	Schildkrœte.
Tchérépittsa	Tuile	Ziegelstein.
Tchérivi	Cœur de cartes	Kartenherz.
Tcherni	Noir	Schwarz.
Tchernila	Encre	Dinte.
Tchernilitza	Écritoire	Dintefass.
Tchernoslif	Pruneau	Trockene Zwetschken (Quetschen.)
Tcherv	Ver	Wurm.
Tchervonitz	Ducat	Dukat.
Tchesnok	Échalotte; Ail	Knoblauch; Lauch.
Tchest	Honneur	Ehre.
Tchestni	Honnête	Hœflich; Ehrlich.
Tchestòloubié	Ambition	Ehrgeiz.
Tchèvo	Quoi	Was.

Russe.	Français.	Allemand.
Tchèvo niboud	Quelque chose	Etwas.
Tchigik	Serin; oiseau de canarie	Zeisig; Kanarievogel.
Tchinn	Rang	Rang.
Tchislo	Quantième; Date	Wievielste; Datum;
	Nombre	Zahl.
Tchisti	Propre; Net	Rein; Sauber.
Tchistoserdettcheno	Sincère	Aufrichtig.
Tchitâtt	Lire	Lesen.
Tchittchéviza	Lentilles	Linsen.
Tchortt	Le Diable	Teufel.
Tchoubouk	Tuyau de pipe	Pfeifenrohr.
Tchoucheki	Fontes de pistolets	Pistolenhalftern.
Tchoudo	Étonnement	Wunder.
Tchougi	De quelqu'un;	Von Jemandem.
	D'autrui	
Tchoulki	Des bas	Strumpf; Strümpfe.
Tchouma	Peste	Pest.
Tchto	Cela; Que	Das; Dass.
Téâter	Spectacle	Theater.
Techast	Part; Portion	Theil; Portion.
Téchérez	Pendant que	Wæhrend dass.
Tégélo	Pesant	Schwer.
Tékattche	Tisserand	Weber; Leinenweber.
Télatina	Viande de veau	Kalbfleisch.
Téléga	Voiture; Char	Wagen.
	Charette	
Télégeka	Brouette	Schubkarren.
Télénok	Veau	Kalb.
Télo	Corps	Leib; Kœrper.
Télodvigènié	Geste	Geberde.
Temm kougé	Tant pis	Desto schlimmer.
Temm louttché	Tant mieux	Desto besser.
Temnï	Sombre; Obscur	Finster; Dunkel.
Téïn	Ombre	Schatten.
Tépèr	A présent	Ietzt.
Tépli	Chaud	Warm; Heiss.
Tèrètt	Frotter	Reiben.
Termomètre	Thermomètre	Thermometer.
Terpénié	Patience	Geduld.
Terpouk	Lime	Feile.

Russe.	Français.	Allemand.
Tessak	Sabre	Sæbel.
Tèst	Beau – père	Schwiegervater.
Testo	Pâte	Teig.
Ti	Tu; Te; Toï	Du; Dich.
Tichi	Paix; Silence; Doucement	Stille; Langsam.
Tifak	Matelas	Matratze.
Tikva	Citrouille	Kürbis.
Tïottka	Tante	Tante.
Tïourma	Prison	Kerker.
Tipografchik	Imprimeur	Buchdrucker.
Tipografia	Imprimerie	Buchdruckerey.
Tiski	Étau	Schraubstock.
Titeki	Sein	Busen; Brust.
To	Alors; Lui	Damals; er.
Tobak	Tabac	Tabak.
Tokar	Tourneur	Drechsler.
Tolkàtt	Pousser	Stossen.
Tolko	Seulement	Nur.
Tolkovàtt	Expliquer	Erklæren.
– Tolsti	Épais; Gros	Dick.
Tonnki	Fin; Mince	Fein; dünn.
Topor	Hache; Serpe	Axt; Beïl.
Torgovla	Commerce	Handel.
Toropittsa	Se dépécher	Eilen; Tummeln.
Tottchass	Tout de suite	Gleich.
Tottcheno. tak	Comme cela; Justement	So; Just so.
Toudi; Touda	Là-bas	Dahin.
Toufel	Pantoufle	Pantoffel.
Toumann	Brouillard	Nebel.
Toupi	Bouché	Verstopft.
Tourok	Turc	Türk.
Toùtt	Là	Da.
Touttcha	Orage; Ouragan	Ungewitter.
Touze	As	Ass.
Tovar	Marchandise	Waare.
Traktir	Auberge	Wirthshaus.
Trapittza	Torchon	Lumpen.
Trapka	Pièce; Morceau	Stück.

Russe.	*Français.*	*Allemand.*
Trava	Herbé	Gras ; Kraut.
Trébovàtt	Éxiger	Begehren.
Trèpètàtt	Trembler	Zittern.
Trétia-vodni	Avant-hier	Vorgestern.
Trévoga	Tumulte	Getümmel.
Trilistnik	Trèfle (herbe)	Klee.
Trogàtt	Toucher	Fühlen.
Trost	Roseau	Rohr ; Schilf.
Trouba	Cheminée	Schornstein ; Kamin.
Trouba	La Trompette	Trompete.
Troubattche	Le Trompette	Trompeter.
Troubka	Pipe	Pfeife.
Troudni	Difficile	Schwer.
Troùtt	Amadou	Schwamm ; Zunder.
Tsaar	Empereur ; Monarque	Kaiser ; Monarch.
Tsélitt	Viser	Zielen.
Tsép	Chaine	Kette.
Tsépocheka	Chaine de montre	Uhrkette.
Tvorok	Fromage blanc	Milchkæse.
Tzanimàtt	Prêter	Leihen.
Tzaritza	Impératrice ; Czarine	Kaiserinn.
Tzèlovàtt	Embrasser	Küssen.
Tzémmlémèr	Arpenteur	Landmesser.
Tzéna	Prix ; Valeur	Preis.
Tzenner	Quintal	Zentner.
Tzerkof	Église	Kirche.
Tziélovalnik	Receveur ; Percepteur	Einnehmer.
Tziplati	Poulets	Junge Hühner.
Tziroulnik	Barbier	Barbier.
Tzolotocheveïka	Une Brodeuse	Stikerinn.
Tzvettnaïa Kapousta	Choux-fleurs	Blumenkohl.

V

Vageni	Important	Wichtig.
Val	Rempart	Wall.
Valett	Valet de cartes	Kartenbauer ; Bube.
Valitt	Renverser	Umstürzen.
Vap	Crayon rouge	Rothstein.
Varata	Grande porte	Thor ; Pforte.

Russe.	Français.	Allemand.
Varénié géloudka	Digestion	Verdauung.
Varìtt	Bouillir; Cuire	Kochen; Backen.
Vasâtt	Tricoter	Stricken.
Vèdémosti	Gazette	Zeitung.
Vedova	Veuve	Wittwe.
Vedovètz	Veuf	Wittwer.
Vèdro	Seau à eau	Eimer.
Védrouk	Tout d'un coup	Auf ein Mal.
Vedzòitti	Monter	Hinaufgehen; Steigen.
Vékouss	Goût	Geschmack.
Veksel	Lettre de change	Wechselbrief.
Véliki	Grand	Gross.
Vélikolépié	Magnificence	Pracht.
Vélikolepni	Superbe	Præchtig.
Vélittchâttsa	Se rendre	Sich Ergeben.
Vénetz	Guirlande	Kranz.
Vénik	Balai	Besen.
Véniss	En bas	Herunter.
Vennguérètz	Hongrois	Unger.
Vépérédé	En avant	Vorwærts.
Véprina	Du sanglier	WildesSchweinfleisch
Veprottchemm	Au reste	Uebrigens.
Véra	Religion; Croyance	Religion; Glaube.
Verbloude	Chameau	Kameel.
Véréïa	Poteau	Pfoste.
Verk	Haut; En haut	Hoch; Oben.
Verni	Fidèle	Getreu.
Verno	Sûr; Certain	Sicher; Gewiss.
Vernost	Fidélité	Treue.
Vérofka	Corde	Seil; Strick.
Vérovottcheka	Ficelle	Bindfaden.
Vérovottchik	Cordier	Seiler.
Verve	Corde	Seil.
Vesdé	Partout	Ueberall.
Vèseki	Tous	Alle.
Veslo	Rame	Ruder.
Vésomm	Au poids	Nach dem Gewichte.
Vespomnitt	Se souvenir	Sich erinnern.
Véss	Poids; Mesure	Gewicht.
Vesséli	Gai	Lustig.

Russe.	Français.	Allemand.
Véssi	Balance	Wage.
Vessìtt	Peser	Wiegen.
Vesskouïou	Pourquoi	Warum.
Vessna	Printems	Frühling.
Vestâtt	Se lever	Aufstehen.
Vestavâtt	Se lever	Aufstehen.
Vesti	Conduire	Führen.
Vestoupitt	Entrer	Hereingehen.
Véter	Vent	Wind.
Vettché	Chose	Sache.
Vettcher	Soir	Abend.
Vettchèra	Hier	Gestern.
Vettchina	Lard	Speck.
Vettzamni	Réciproquement	Wechselseitig.
Vetzâtt	Prendre	Nehmen.
Vézatt	Lier ; Attacher	Binden ; Anbinden.
Vi ; Vo	Dans ; En	In.
Vibirâtt	Choisir	Wæhlen.
Vibôika	Toile de coton	Baumwollentuch.
Vicheni	Cérises	Kirschen.
Vid	Vue ; Aspect	Aussicht.
Vidétt	Voir	Sehen.
Vidno	On voit	Man sieht.
Vidoumka	Trouvaille	Fund.
Viékâtt	Entrer en voiture	Einfahren.
Vigavaritt	Prononcer	Aussprechen.
Vigavor	Prononciation	Aussprache.
Viklioùtchàïa	Excepté	Ausgenommen.
Viklouttchàtt	Excepter	Ausnehmen.
Viklouttchénïé	Exception	Ausnahme.
Vikoditt	Sortir	Ausgehen.
Vilivâtt	Verser ; Répandre	Schütten.
Vilki	Fourchette	Gabel.
Vima	Pis ; Tétine	Euter.
Vimestì	Balayer	Kehren.
Vinié	Pique de cartes	Schüppen.
Vinnt	La vis	Schraube.
Vinntofka	Carabine	Büchse.
Vino	Vin	Wein.
Vinográd	Raisin	Traube.

V

Russe.	Français.	Allemand.
Vinogradnaïa Kist	Vigne	Weinrebe.
Vipadénié	Sortie	Ausfall.
Vipitt	Vider son verre	Austrinken.
Vipóloskått	Rincer ; Écurer	Ausspülen ; Scheuern.
Visdoroviétt	Guérir	Heilen ; Genesen.
Vistrel	Décharge d'armes	Schuss.
Vittréni	Volage	Flatterhaft.
Viveska	Enseigne de boutique	Schild.
V'kousni	Savoureux	Schmackhaft.
Vladénié	Ressort ; Autorité	Gebieth ; Gewalt.
Vladitt	Dominer	Herrschen.
Vlasno	Tout de même	Gerade so.
Vlioublàttsa	S'amouracher	Sich verlieben.
Vlioublenni	Amoureux	Verliebt.
V'nattchalé	D'abord ; Premièrement	Erst ; Erstens.
V'nètzapno	Tout d'un coup	Auf ein Mal.
V'noucheka	Nièce	Nichte.
V'nouk	Neveu	Neffe.
V'noutri	En dedans	Inwendig.
Voche	Pou	Laus.
Voda	Eau	Wasser.
Vodénaïa Bolesne	Hydropisie	Wassersucht.
Vodka	Eau-de-vie	Brandwein ; Schnaps,
Vodopad	Cascade	Wasserfall.
Vodopoï	Abreuvoir	Trænke.
Voévoda	Préfet	Prefekt.
Vòïna	Guerre	Krieg.
Vòisko	Armée	Armee.
Vol	Bœuf ; Taureau	Ochs ; Stier.
Vola	Volonté	Wille.
Volìttsa	Converser avec quelqu'un	Reden mit Jemandem.
Volk	Loup	Wolf.
Volka	Flot	Welle.
Volni	Libre	Frey.
Voloss	Cheveu	Haar.
Vonàtt	Puer	Stinken.
Vonn	Va-t'en	Geh ; Fort ; Heraus.
Vonn	Puanteur	Gestank.

Russe.	Français.	Allemand.
Vopross	Demande; Question	Frage.
Vor	Voleur	Dieb.
Vorobéi	Moineau	Spatz.
Vorona	Corneille	Kræhe.
Voronn	Corbeau	Rabe.
Voronnka	Entonnoir	Trichter.
Vorottnik	Collet	Kragen.
Vorovâtt	Dérober	Stehlen.
Vorovski	Furtivement	Heimlicherweise.
Vortchâtt	Gronder	Schmæhlen.
Vosk	Cire	Wachs.
Voskodîtt	Monter	Steigen.
Vosmogâtt	Pouvoir (verb.)	Kœnnen.
Vospitanié	Education	Erziehung.
Vostri	Aigre	Sauer.
Vott	Voici; Voilà	Da ist
Vozdouk	Air (de l'Athmosphère)	Luft.
Vozìttsa	Folâtrer	Tændeln.
Vozlïé	Auprès de	Bey; Nahe.
Vrattche	Médecin	Arzt; Doktor.
Vrèd	Le dommage	Schaden (der)
Vrèma	Tems; Moment	Zeit.
V'sekda	Toujours	Immer.
V'sikâtt	Soupirer	Seufzen.

Z

Zabîtt	Oublier	Vergessen.
Zaboblâttsa	Se divertir	Sich lustig machen.
Zaboùivâtt	Oublier	Vergessen.
Zachivâtt	Coudre	Næhen.
Zaëtz	Lièvre	Hase.
Zaftra	Demain	Morgen.
Zaftrakâtt	Déjeuner	Frühstücken.
Zaftrik	Le déjeuner	Frühstück.
Zàïem	Crédit	Borgen.
Zajettche	Allumer	Anzünden.
Zaklad	Gage	Pfand.
Zakod	Latrines; Commodités	Abtritt; Profett.

Russe.	Français.	Allemand.
Zakonn	Religion; Loi; Précepte	Religion; Gesetz.
Zakouppka	Emplette	Einkauf.
Zakouska	Dessert	Nachtisch.
Zala	Une salle	Saal.
Zamersått	Geler	Frieren.
Zamettchanié	Observation	Bemerkung.
Zamok	Château; Serrure	Schloss.
Zamougitt	Mariage	Heirath.
Zamouttchitt	Tourmenter	Quælen ; Plagen.
Zanavess	Rideau	Vorhang.
Zàodno	A la fois	Auf ein Mal.
Zapada	Couchant; Occident	Abend; West.
Zapak	Odeur	Geruch.
Zapass	Provision	Vorrath.
Zaplata	Paiement	Bezahlung.
Zapor	Verrou	Riegel.
Zapréchått	Deffendre	Verbiethen; Ver-theidigen.
Zaprégått	Atteler	Anspannen.
Zaprétt	Deffense	Verboth.
Zaraditt	Charger une arme	Laden.
Zastrelitt	Tuer avec un fusil	Erschiessen.
Zà-tchem	Pourquoi	Warum.
Zatravka	Lumière de fusil	Zündloch.
Zattménié	Obscurité	Dunkelheit.
Za vaché Sdarovié	A votre santé	Auf ihre Gesundheit.
Zavist	Envie; Jalousie	Neid.
Zàvod	Fabrique	Fabrike.
Zedobittche	Proie	Beute; Raub.
Zéléni	Verd	Grün.
Zélina	Légumes	Gemüse.
Zemlénika	Fraises	Erdbeeren.
Zemmla	Pays; Terre	Land; Erde.
Zemmlak	Compatriote ; Pays	Landsmann.
Zemmlédélitz	Cultivateur	Landmann.
Zemmlennka	Chaumière	Hütte.
Zemmlénòi Iabloki	Pommes de terre	Kartoffel; Grundbirne.
Zèrèbrènik	Orfèvre	Goldschmidt.
Zérénié	La vue	Gesicht.
Zèritél	Spectateur	Zuschauer.

Russe.	Français.	Allemand.
Zerkalo	Miroir	Spiegel.
Zètt	Beau-fils	Schwiegersohn.
Zevett	Fleur	Blume.
Zévonitt	Sonner	Klingen; Schellen.
		Læuten.
Zima	Hiver	Winter.
Ziplènok	Petit gâteau	Küchelchen.
Zméïa	Couleuvre; Serpent	Schlange.
Znakomstvo	Connoissance	Bekanntschaft.
Znamé	Drapeau	Fahne.
Znatok	Connoisseur	Kenner.
Znattni	Distingué	Vornehm.
Zolotar	Orfèvre	Goldschmidt.
Zoloto	Or	Gold.
Zonntik	Parapluie	Regenschirm.
Zora	La retraite du soir	Zapfenstreich.
Zoub	Dent	Zahn.
Zoubnaïa Bol	Mal de dents	Zahnweh.

TABLE DES MATIÈRES.

TABLE DES MATIÈRES.

FIN DE LA TABLE.

www.ingramcontent.com/pod-product-compliance
Lightning Source LLC
Chambersburg PA
CBHW070752290326
41931CB00011BA/1983